AIが変える
Artificial Intelligence
2025年の銀行業務

NTTデータ経営研究所
大野博堂　西原正浩
加藤洋輝　菊重 琢

近代セールス社

はじめに

「銀行がＡＩ導入に熱心なのは、銀行員のリストラが目的なのですか？」

最近、就職活動中の大学生からこんな質問を受けた。

メガバンクが国内トップクラスの一流企業だという評価は誰もが認めるところであるし、地域金融機関も地元では有数の名門企業であることから、銀行業は今も昔も新卒学生に人気の就職先である。ただ、現実に自分の就職先として銀行を考えたとき、学生なりにその将来性を気にしての素朴な問いかけだったに違いない。

２０１７年の春以降、メガバンクはこぞって、ＡＩの事務領域への導入にあわせ大規模な人員抑制を公表し始めた。実際は、ＡＩ導入による事務作業の効率化にあわせ、事務に従事する行員の収益部門への配置転換が可能となり、採用抑制とあわせれば結果として人員削減効果が発現される、といった趣旨なのだが、「人員削減効果」のみに着目すれば、外部からはネガティブに捉えられがちなのも事実だ。

たしかに、人口減少で銀行業は顧客基盤が脆弱化しつつあると巷間囁かれており、長期化するマイナス金利の影響ともあいまって、その事業環境は決して順風とは言えないのも事実である。そこに加わったのがフィンテックとＡＩブームだ。新たな技術を背景に小規模ベンチャーが金融業務を手がけるだけでなく、流通業をはじめとした他産業も、決済をキーワードに相次いで金融業務へ進出している。こうした中、銀行業はいま、「技術革新による経営効率化」に光明を見出そうとしている。

誤解のないように付言すると、銀行業は決してこれまで新しい技術に無関心だったのではなく、その職務遂行上、「あえて枯れた技術」を指向していたことを我々は認識する必要がある。

一部の国のように頻繁にＡＴＭが使えなくなったり、振込ができなくなったりといった光景はわが国では滅多にみられない。そう、これは銀行業自らが「安心」「安全」「確実」な技術を優先的に自らの業務に取り入れた結果からもたらされた恩恵そのものなのだ。その点においては、昨今の銀行業におけるこのＡＩブームというのは、「今まで優先していなかった技術への目配せ」そのものと言ってもよい。

各方面に優秀な人材を多数抱える銀行業にとっては、フィンテックへの取り組みもＡＩ導入も「そろそろ本腰を入れますか」といったところであり、決してハードルの高いものではないというのが実態ではないか。そう考えれば、今後ますますＡＩは銀行業務の様々な場面で活用が促され、このムーブメントは地域の小規模金融機関にも波及するであろうことが容易に想定される。

足元をみても、銀行業におけるＡＩ導入事例はすでに多岐にわたっている。また、業務として類似性の高い保険・クレジットなどの金融他業態での取り組みに加え、非金融業におけるＡＩ導入事例に学ぶ点も多い。

そこで本書では、銀行業務の各プロセスにおける最近のＡＩ導入事例について取り上げるほか、ＡＩをキーワードとした銀行業の将来像を、他業態の取り組みから得られる示唆も念頭に、本稿執筆時点から７年後となる２０２５年をイメージして展望してみた。

すでに世には多くのフィンテックやＡＩに関する書籍が刊行されている。本書では、銀行業におけるＡＩ導入の技術的な解説書というより、必ずしも高度な知識を有さない一般の社会人の方にも手にとっていただけるよう、図表を用いた多様な事例紹介を中心とした構成と、平易な表現での執筆をこころがけた。

なお本書は、ＮＴＴデータ経営研究所金融政策コンサルティングユニットに所属するコンサルタントが職務の合間を縫って執筆したものである。主として、第１章および第２章はシニアマネージャーの加藤洋輝、第３章から第５章はいずれもシニアマネージャーの西原正浩と菊重琢、全体構成および法規制対応部分はパートナーの大野博堂が担当した。

末筆ながら本書刊行に際しては、近代セールス社出版部の飛田浩康氏より、種々のご高配を賜ったほか、企画段階から構成に至るまで的確かつ真摯なアドバイスを頂戴した。この場を借りて心より御礼申し上げたい。

本書が読者の皆様にとって、わずかばかりでも一助となれば幸甚である。

執筆者を代表して

NTTデータ経営研究所　パートナー　金融政策コンサルティングユニット長
大野博堂

2018年5月

もくじ

はじめに …… 1

第1章 金融機関におけるAI活用事情 11

「業務の代替」の2つの流れ …… 14
①高度化を含む代替 …… 14
②単純な代替 …… 21
AIによる接客業務の高度化 …… 23
AIによるシステムのスマート化 …… 27

第2章 深化・進化するＡＩと金融機関の取り組み 31

ＡＩはどう進化してきたか …… 32
国内金融機関におけるＡＩへの取り組み …… 42
①三菱ＵＦＪフィナンシャルグループ …… 42
②三井住友フィナンシャルグループ …… 44
③りそな銀行 …… 46
④京都銀行 …… 47
欧米金融機関におけるＡＩへの取り組み …… 49
①ドイツ銀行 …… 49
②バンコ・サンタンデール …… 51
③バンク・オブ・アメリカ …… 53

④スタンダードチャータード銀行 …… 55

他業態における取組事例からみえるもの …… 56

①生命・損害保険会社 …… 56
②損害保険会社 …… 58
③クレジットカード会社 …… 60
④コールセンター運営事業者ほか …… 65

第3章 ＡＩが変える金融機関の営業体制 …… 69

ＡＩによる金融機関業務の変化の方向性 …… 70

①既存業務の効率化 …… 72
②ＡＩが持つ機能を生かした新たな機能の創出 …… 73

AIで金融機関の営業体制はこう変わる …… 76

(1) 非対面チャネルでの活用 …… 76

①コールセンターでの活用 …… 76
②WEBサイトでの活用 …… 79
③ATMでの活用とVTMへの進化 …… 81
④更なる将来の非対面チャネル …… 83

(2) 対面チャネルでの活用 …… 88

①来店客への対応 …… 88
②伝票の起票と窓口対応 …… 92
③相談窓口 …… 95
④チャネルの今後 …… 99

第4章 ＡＩで金融機関の業務はこう変わる 105

法人向け融資におけるＡＩの活用 106
①営業スキルの向上に向けたＡＩ活用 109
②融資稟議の効率化・自動化に向けたＡＩ活用 110
③与信の高度化・迅速化に向けたＡＩ活用 111
④情報の活用手段としてのＡＩ活用 113
個人向け融資におけるＡＩの活用 114
融資管理・担保管理におけるＡＩの活用 122
取引先企業のサポートにおけるＡＩの活用 126
預金口座開設業務におけるＡＩの活用 129
為替・決済業務におけるＡＩの活用 133

後方業務におけるAIの活用 137
投信・保険の販売におけるAIの活用 144
資産運用分野への導入とビジネスモデル 152
レグテックにおけるAIの活用 156
人事領域におけるAIの活用 161

第5章 AI導入にあたっての論点 167

AI導入にあたって考えられる問題点 168
AIの本格導入までに踏むべきステップ 173

著者略歴 178

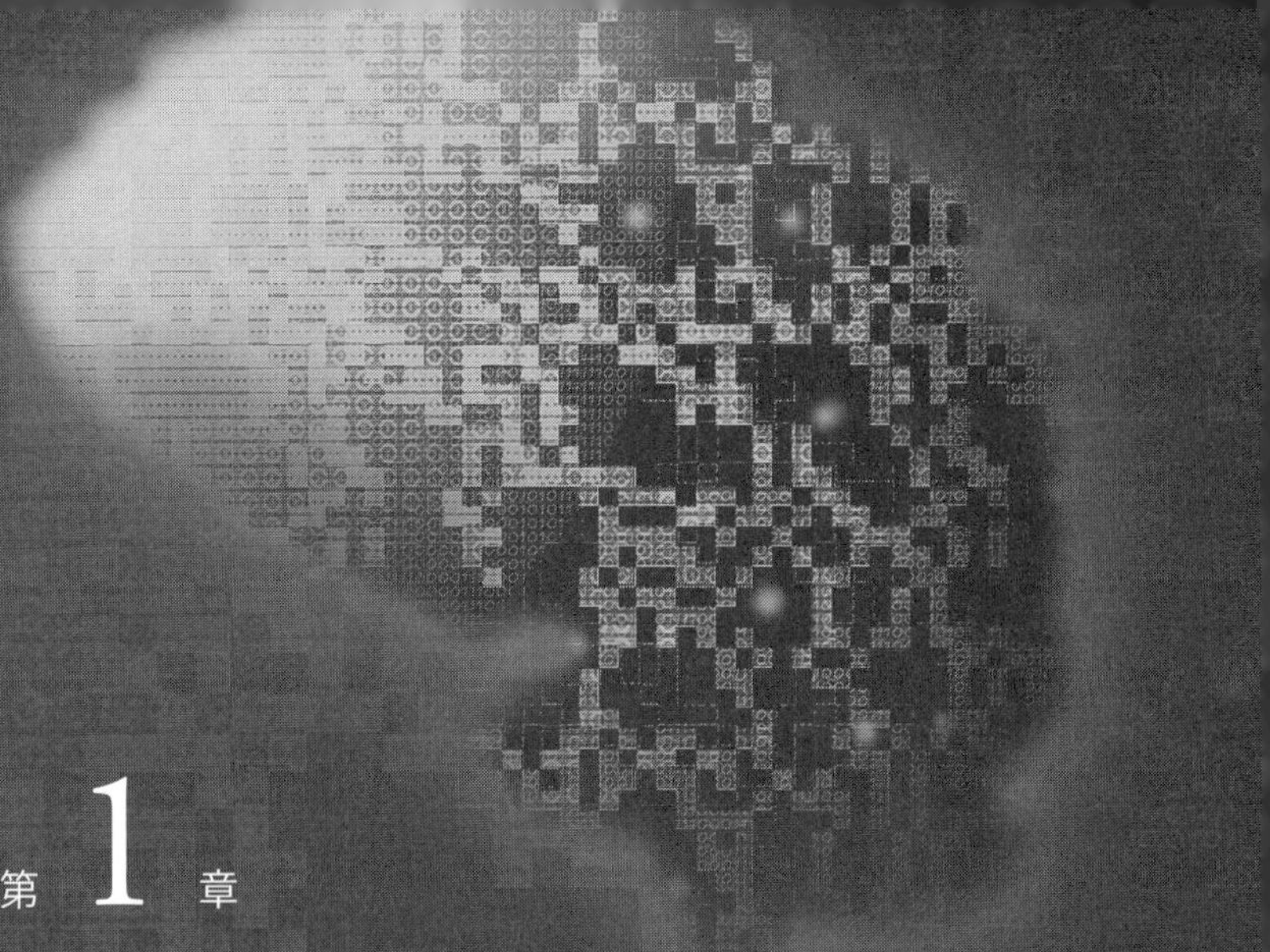

第 1 章

金融機関における AI活用事情

Artificial Intelligence on Financial Institutions

新しい技術を使った既存業務の高度化や効率化がフィンテックの流れの一つとして加速しそうである。その最新技術の一つして注目されているのが人工知能（以下、ＡＩと記す）だ。

例えば、融資の分野では、ＳＮＳやＥＣサイトの購買履歴など今まで使われなかったデータを与信判断に活用しようという動きが多くなっている。人間では扱いきれない大量の「ビックデータ」から、ＡＩによって人間が行うのと同じように法則性を抽出できるようになったことで、様々なデータの活用が模索されているのだ。

図表1-1　AI活用の類型

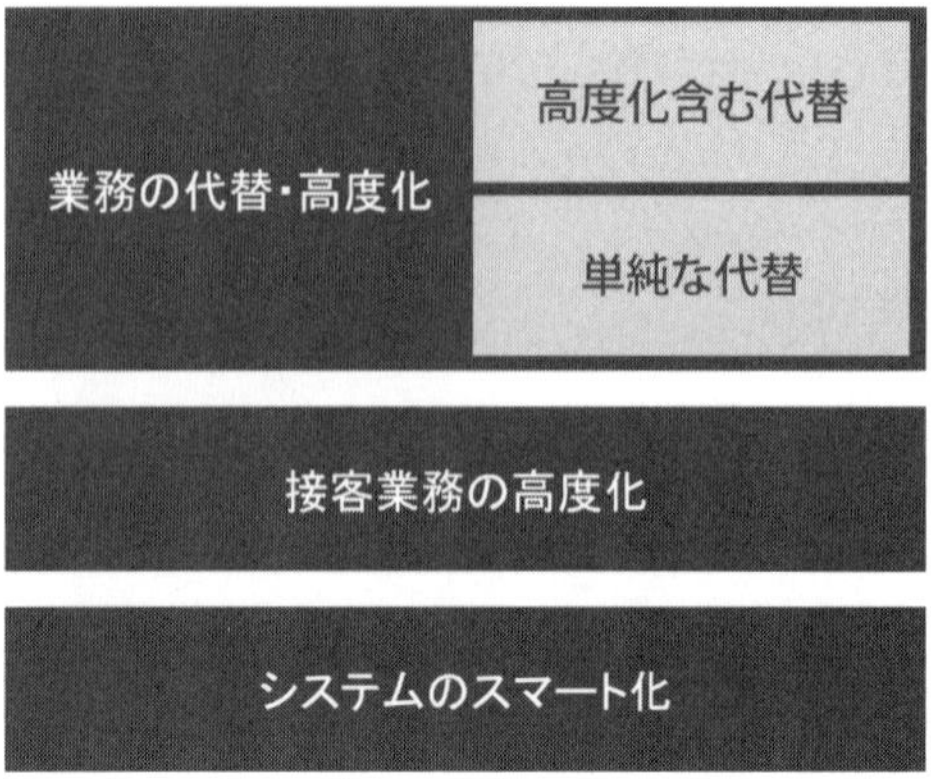

海外のフィンテック企業では、ＳＮＳ上の「お友達」の人数や、「お友達」としてどのような人物とつながっているかを与信判断のインプットに活用している。具体的には、ＡＩを使い、ＷＥＢ上でのやりとりから「お友達」との親密度を計測することで、何かあった場合に手助けを得られる確率など様々な要素を含めて算定している。

こうしたケースはあくまで一例に過ぎず、ＡＩはすでに金融の様々な領域で活用されてきており、金融機関職員の代替や既存業務を高度化するための活用が始まっている。図表1－1は、金融機関におけるＡＩの活用シーンを類型化したものだ。

以下、まずはこの類型に合わせて説明を進めていきたい。

「業務の代替」の2つの流れ

人手を使って実施していた作業・業務を、ＡＩを用いることで自動化していく流れがある。この流れは、人口減少による今後の労働力減少を鑑みると必須の対応である。

業務の代替は、ＡＩの活用により高度化を図るものと、人手による業務を単純に自動化するものの２つに分けられる。以下、別々に説明する。

❶高度化を含む代替

ＡＩを使ったサービスやシステムを提供している企業はすでに数多く存在している。その中で英国のiwoca（アイワカ）という会社は、既存の金融ビジネスを、ＡＩを用いて代替しようとしている企業だ。

２０１１年設立のiwocaは、ＡＩの審査結果を踏まえ、既存金融機関を介さずに自らが中小企業向けに融資を実行している。バランスシートやＥＣサイトの取引履歴に基づく審査に特化し、迅速な審査および融資実行を実現した（次ページの図表1-2参照）。

オンラインでの申込受付からの数分間で審査を実施した後、算出された金利や融資可能額がサイト上に条件として提示され、申込企業がその条件の受け入れ可否を判断するという仕掛けだ。そして、融資実行が確定した数時間後にはお金が銀行口座に振り込まれる。最大12か月の期間で借りられ、表示される金利は2％から6％だという。

中小企業は、申込時に通常の融資審査に必要な最低限の情報に加え、ebay*やPayPal*等での取引履歴や複数の銀行（複数の口座）の取引明細の情報を追加で登録できる。金融機関に対してよりも多くの情報を提供しなければならない一方で、それにより、より良い条件で融資を受けられる可能性があるのだ。融資可能金額は1000ポンドから10万ポンド。Iwocaはすでに、事業拡大のための資金（融資のための資金を含む）として3000万ドル超を調達しており、営業エリアは英国だけでなく、スペイン、ポーランドやドイツなど欧州各国に広がりを見せている。

Iwocaが行う融資を説明するのに、AIの審査結果を「踏まえ」という言葉を使ったのは、AIの審査結果を用いて最終的な判断をするのは、銀行から転職してきた融資業務の有識者だからだ。また、その融資判断で用いられる銀行員の知見をAIに学習させることで、審査精度を常に高めている。他社に先駆けて融資に関するAIをより高いレベルにするため、同社では、サービス開始初期に引き抜いた元銀行員がそうしてAIを育てている

＊ebay
米国のebay Inc.が運営する世界最大級のインターネットオークションサイト。世界最多の利用者を持つ。

＊PayPal
PayPal　Inc.が提供するオンライン決済サービス。PayPal Inc.は、1998年に米国シリコンバレーで創業され、フィンテックの先駆けとなった企業。

図表1-2　Iwoca社サービスイメージ

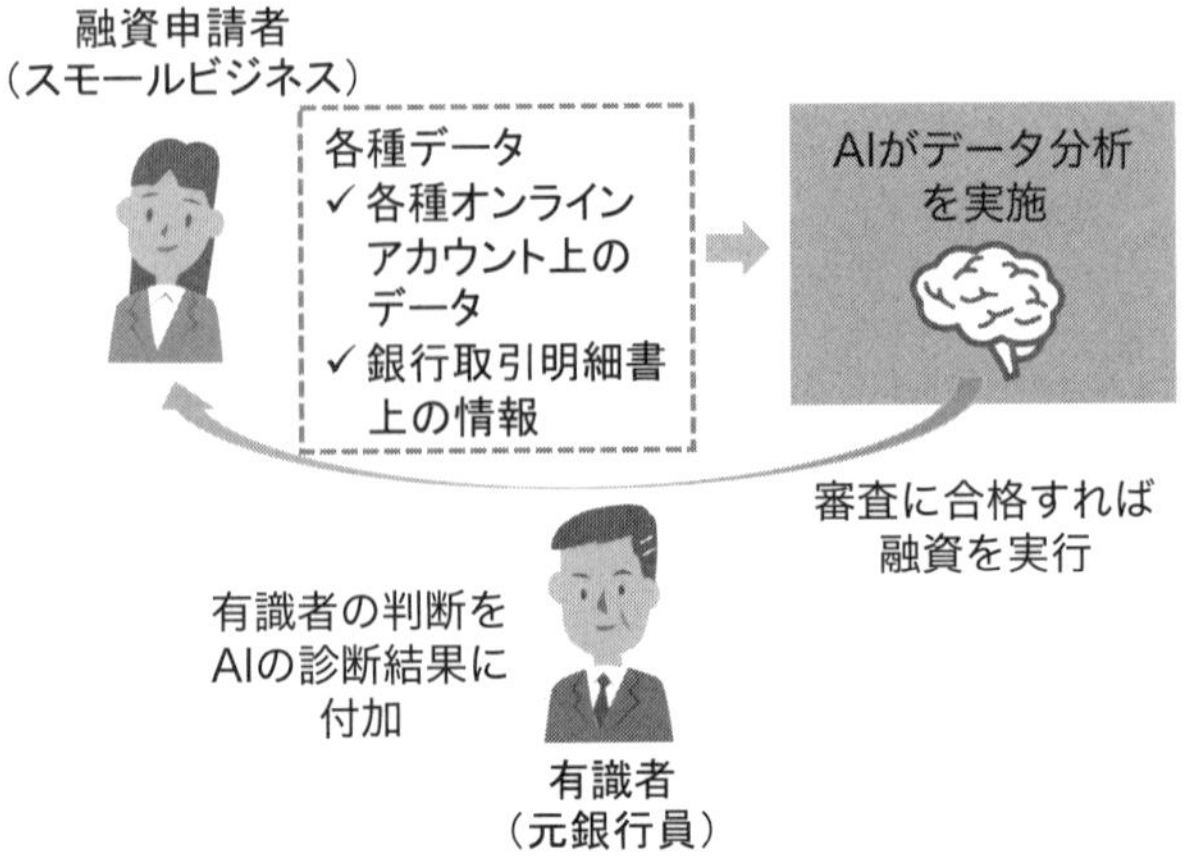

そうだ。

今後、精度の高まったその融資ロジックをほしいという金融機関が現れれば、自社による融資だけではなく、金融機関向けに与信判断サービスを提供していく可能性も考えられる。

このほか、ＡＩの育て方に特徴がある別の企業の中には、ＡＩの判断が正しかったかどうかを見極めるため、受付不可となった申込みについても実行し、その判断が正しかったかトレースしている企業も存在している。

日本では、みずほ銀行とソフトバンクが出資して２０１６年11月に設立されたJ.Score（ジェイスコア）が、翌年９月にＡＩスコア・レンディングを開始している。

同サービスの利用者が様々なデータをモバイルアプリに登録すると、ＡＩ技術によってスコアが算出され、そのスコアによって、貸出条件が決定されるという流れとなっている。登録する情報は最終学歴や勤務形態など必須の18項目に加え、ライフスタイルや好みなど１００種類以上の項目が用意されており、登録や更新が行われるたびに、その内容がスコアに反映される仕組みだ。スコアは常に提示されているので、いつでも借りられるようになっている。

また、利用者の同意を前提に、みずほ銀行やソフトバンクが保有する情報を同サービスに連携させることで、最大０・２％の金利優遇を得られるようになっている。

これから同サービスが使われるようになってくると、登録された様々な情報と融資結果の関係性についてＡＩを用いて分析できるようになるため、スコアの算出精度、すなわち融資審査はより洗練されていくことになるだろう。今後は、「この質問は、お金を借りることと何の関係があるのか？」と思わざるを得ないような質問をされ、実はその項目が、融資審査のうえで非常に重要視されていた、ということも出てくるかもしれない。

クレジットカード決済導入の壁が低く

決済分野では、小規模事業者がクレジットカード決済を導入する際の壁を低くするためにＡＩが使われている。従来は、クレジットカード決済を導入するためのアクワイアラ＊

＊アクワイアラ
クレジットカードの加盟店開拓やその管理などを行う金融会社のこと。

による事前審査を通らない事業者が一定割合存在していた。もしくは審査結果によって決済手数料が高く設定されたために、クレジットカードの導入を断念していた事業者も存在していた。

しかし、昨今の低価格端末（ドングル端末*）の出現などによって、ドングル端末を提供しているフィンテック企業に申し込むと、事前審査なく、すぐにクレジットカード決済を導入できるようになっている。そのため、従来よりも安価な決済手数料でのクレジットカード決済を小規模な店舗でも導入しやすくなってきている。

ではなぜ、ドングル端末を用いてサービス提供しているフィンテック企業は、事前審査をせずにクレジットカード決済を導入できるのか。それは、ＡＩによって、大量のクレジットカード決済データから不正利用をリアルタイムで見つけられるようになってきたことが関係している。

従来のクレジットカード会社は大量の決済データを分析できなかったため、事前審査の壁を高くすることで不正利用に対抗せざるを得ない状況だったが、現在では大量のデータをリアルタイムで分析でき、かつ、ＡＩを用いることで不正利用の抽出精度が向上したことにより不正利用を即座に検知できるようになっている。途上審査時に不正が疑われる怪しい決済を発見し、利用加盟店に責がある可能性が高いと判断された場合は、クレジット

＊ドングル端末
スマートフォン等に差し込むことで、クレジットカードのリーダーとして使える端末。

カード支払いの受け付けを停止できるのだ。そのため、ドングル端末を提供するフィンテック企業は、事前審査をせずに途上審査のみで収益を上げられるようになってきている。

アンチマネーロンダリング対策のソリューションも

ＡＩを使うことで、顧客を選別し、既存金融機関の収益性を向上させようという企業も登場している。英国ロンドンに本社を構える２００９年設立のSALVIOLは、ＡＩを使った行動分析を行うことで、保険加入申請者の中からハイリスクと思われる申請者を見つけ出すことにより、契約締結の回避や不正請求対策など既存業務の高度化を推進している。

これは保険分野における不正請求等に対応したソリューションであり、具体的には、保険会社の保有データだけでなく、ＳＮＳなどＷＥＢ上の情報を加味することで契約の是非の判断を行ったり、申込みと請求情報の組み合わせによるパターンなどで不正請求の可能性を検知するものである。

不正請求は英国だけでも年間10万件以上となっており、ＡＩによる対応が見込まれる分野である。契約締結後、損失率を５％程度低下させた事例もあり、導入後1年以内にＲＯＩ（投資利益）が得られなければ契約金を返還すると顧客に宣言するなど、同社はその導入効果に自信を持っている。

また、同社は保険向けだけでなく、銀行に対してもアンチマネーロンダリング対策や不正請求対策等向けのサービスを提供している。銀行においても同様の思想を持ったソリューションが導入されることになるかもしれない。

金融機関のサイバーセキュリティ対策を強化するサービスにもＡＩは使われている。機械学習*を利用したマルウェア*の検知サービスを米国のCylance社が提供しており、従来のサービスよりも高精度に検知することが可能ということである。

具体的には正常なファイルやマルウェアファイルを含む数億ファイルを機械学習することで、７００万超の特徴量を抽出し、独自の検知アルゴリズム*を保有しており、米国で特許を取得している。

このように、できるだけ少ない人員で金融サービスを提供できる環境を整備するためにＡＩが活用されている。これにより、ＷＥＢベースの会社は経費を抑えることができるので、今までサービスが提供できなかった事業者や個人にサービス提供できるようになった。一方、既存の金融機関は、様々な顧客情報を保有していることから、その有効活用やサービス提供のスピードアップのため、業務の高度化を含めたＡＩによる業務代替を進めることになるだろう。

＊機械学習
AIのプログラム自身が学習する仕組みのこと。34ページからの解説参照。

＊マルウェア
不正かつ有害な動作を行わせる目的で作成された悪意のあるソフトウェアのこと。

＊アルゴリズム
問題を解決するための手順を定式化した形で表現したもの。

❷単純な代替

単純な代替の事例としては、ＲＰＡ（Robotics Process Automation）の導入が挙げられる。ＲＰＡは仮想知的労働者とも呼ばれ、ＡＩ、ルールエンジン*や機械学習などの認知技術を取り入れたソフトウェアのロボットを指す。人手で行っていた業務を代替し、主にホワイトカラー業務の効率化・自動化を進める取り組みである。三菱ＵＦＪフィナンシャルグループの『デジタルトランスフォーメーション戦略』に主な取り組み領域として記載されており、先行して実施された外為や住宅ローン、決済等の20以上業務に適用され、一定の効果を上げているという。

例えば、紙で受け付けた申込書について事務担当者が手作業で40項目程度確認をするといった業務を、当該申込書をＯＣＲでスキャンした後にＲＰＡを用いて不備の有無をチェックする方法に変更したところ、年間２５００時間分の手作業を削減できたという。同グループでは、今後7年間で２０００億円の利益押し上げ効果を目指すとしており、２０００億円の3分の2相当にあたるコスト削減は、９５００人分の業務プロセスの効率化によって達成する予定との発言もでていることから、ＲＰＡの推進による業務の代替は今後も進むとみられる。他の2メガについても、人数単位での業務削減量の数値目標を掲げている。

＊ルールエンジン
ビジネス上のルール（Aの場合、Bする）という条件分岐を処理する機能のこと。

このほかＲＰＡでは、コピー＆ペースト、検索、画面切替を自動化できるため、帝国データバンクや東京商工リサーチの企業信用情報に企業名で検索をかけ、必要な情報を別システムの所定の欄に入力するといった業務を自動化できる。

新生銀行では子会社の無担保ローン事業の振り込み確認業務をＡＩに置き換え始めており、七十七銀行では行内の反復的に発生する定型業務やデータの入力・検索・集計および照合業務等にＲＰＡを適用し始めている。そのほかの地方銀行などでも、具体的な業務で実証実験を行っていることをプレスリリースで明らかにしている。

今後は定型業務だけでなく非定形業務にも

地方か都市部かに関係なく、少子高齢化や人件費の高騰などによって労働力の確保が問題となっていることから、オフィスにおけるデスクワークの自動化や効率化のニーズが高まってきており、この流れは今後も進むものと思われる。

また、昨今のＲＰＡは定型業務の自動化がおもな適用領域であるものの、ＡＩでの判断領域が拡大していくことで、それが非定型業務にまで広がっていくことは難しい想像ではない。そう考えると、今後の事務担当者は、高度な判断が求められる異例処理のための人員や、ＲＰＡの問題の有無をチェックするために事務を担当する人員に最終的に絞られていくであろう。

AIによる接客業務の高度化

Artificial Intelligence on Financial Institutions

ＩＢＭのWatson*のように、ＡＩを使って顧客との会話内容を分析し、回答内容を提案する流れも出てきている。ＡＩによってコミュニケーションから多くの情報を得られるため、セールスやマーケティングにそれを生かしていく動きが見られるようになっているのだ。

例えばWatsonでは、ＡＩがコールセンターでの会話から顧客の質問を把握し、最も適していると判断した回答をオペレーターの画面に表示する。オペレーターが適正な回答が表示されなかったと判断した場合は、適した回答がなかったことをシステムに入力することで、ＡＩが回答の表示ロジックをより適正なものにしようと学習する流れとなっている。

金融機関のコールセンターにおけるこうしたＡＩの活用は、日本でも進んできており、最終的にはほとんどのコールセンターで導入されることになるだろう。

また、コールセンターだけでなく、テラーや渉外員向けの端末にもＡＩが導入されるこ

＊**Watson**
IBMが開発した、AIを用いた質問応答システム。

とになると、法律的に違反する説明があった場合にアラートが鳴ったり、説明内容の不足確認をＡＩが担うことで、法令順守もより徹底されることになる見込みである。

非対面での会話の多くがＡＩによる自動応答に

また、ＡＩが顧客との会話からその内容を単に把握するだけでなく、他の要素を加味してフィードバックするサービスも現れている。米国のNuance社は、ＡＩがその会話のニュアンスや矛盾を把握することで、発言内容を正確にオペレーターに還元するサービスを提供している。スペインの銀行であるサンタンデールで導入されているソリューションだ。発言のニュアンスや矛盾を把握することで、テラーやオペレーターは確認の質問ができるようになり、その顧客が金融サービスを利用する本来の目的を把握できるようになることによって、セールスの成約率向上が見込める。

例えば、70歳代の女性から、一時的な物入りとして定期預金解約の相談がコールセンターにあったとしよう。こうした場合、ＡＩのガイダンスによって、解約の本来の目的が「孫の進学資金支援」であることをオペレーターが把握し、学資保険の提案につなげられるようになる。

中長期のスパンで見ると、発言の真意を汲み取れるＡＩエンジンが発達することで、非対面での会話の多くが、ＡＩによる自動応答に置き換わっていくものと推察される。金融商品ではないが、すでに他業界の商品・サービスでは、ＡＩがメッセージアプリ上の会話を受け答えするのみで、商品の推奨から販売までの一連の流れを完結するものが出てきている。金融機関においても、テキストメッセージによるＡＩ対応が、チャネルの一つに位置づけられることになるだろう。

ＶＩＰの来店を通知する仕組みも

また、ＡＩを使うことで、顧客体験価値を向上しようという動きもある。２０１４年設立のフランス企業であるDreamQuark社は、音声データ（電話の会話を含む）から、顧客の気持ちや気分を把握するアルゴリズムを持っている。

ディープラーニング*に関する複数のアルゴリズムを持つ同社は、脳科学も活用したデモンストレーションを、２０１６年春にバルセロナで実施された保険のカンファレンスＤＩＡ*で披露している。音声の解析によって顧客の気持ちや気分を一定程度把握することを企図したものである。

例えば、投資商品を電話で説明した後の返答から、顧客が不快に思っていることを把握できたとしたら、詳細な商品説明を行うようにとか、別の商品の説明に移るようになど、システムがオペレーターに指示を出すことも可能である。また、会話の速度なども、返答の分析によって、適切な会話の速度を示唆することもできるであろう。さらに、「不快」

＊ディープラーニング
37ページからの解説参照。

＊DIA
Digital Insurance Agendaの略。欧州で開催されている、保険分野の新しい取り組みを紹介するイベント。

図表1-3　DreamQuark社デモイメージ

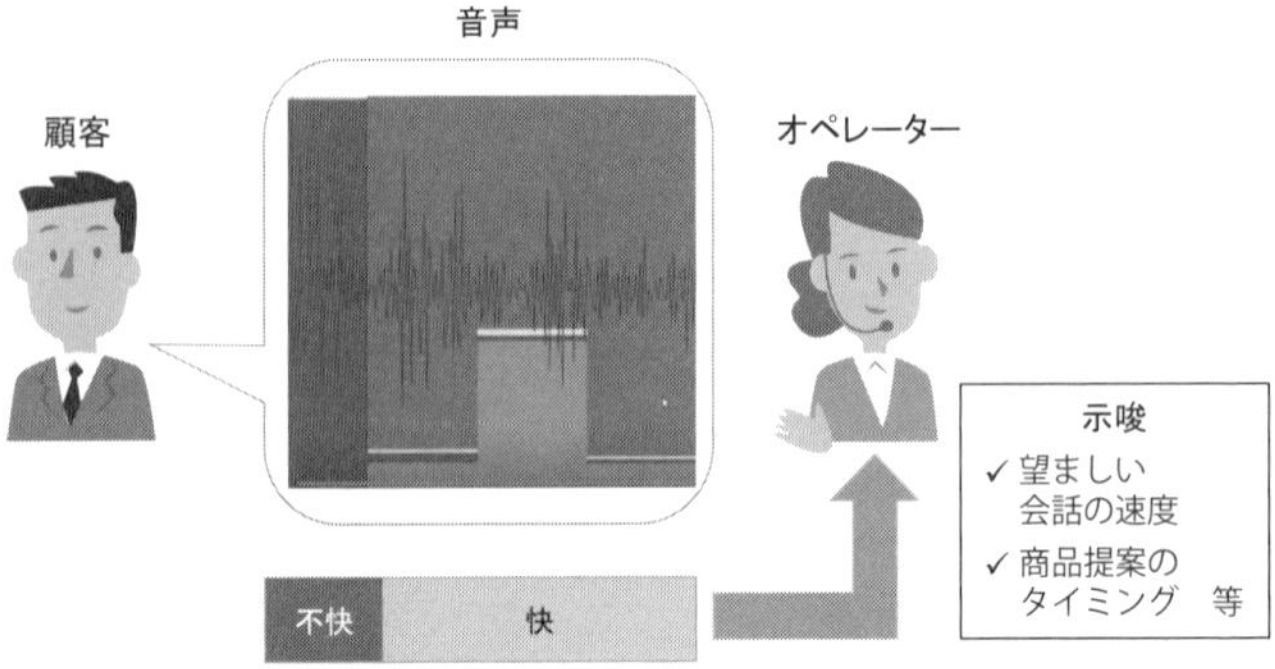

から「快」に移ったタイミングを捉えることで、望ましい商品提案をオペレーターに示唆できる可能性もある。

さらに、AIの進展によって、来店時やATM利用時の顧客をとらえる監視カメラの動画映像から個人を特定する精度が向上している。そのため、VIPや金融ニーズが高いと思われる人がATMの利用を含めて来店した際には、それを行職員に通知することで接触機会を作るといった施策を実施する金融機関が海外では出てきている。

また映像については、表情などから感情を推測するAIエンジンも作られており、顧客対応への適用も検討されている。ATMで現金の引き出しをする際にも映像で個人識別を実施し、保有者とは別の人が多額の現金を引き出そうとする場合には、アラートを出すことで不正利用の防止をするなどの活用も期待されているところだ。

AIによるシステムのスマート化

Artificial Intelligence on Financial Institutions

最後に紹介したいのは、ＡＩを使うことで、金融機関にすでにあるシステムをスマート化させる流れである。

システムのスマート化とは、できるだけ最適な処理をシステムが実施できるようにする取り組みである。例えば、コールセンターからアプローチするリストをシステムが作成する場合、現状では決まったロジックで作成されるが、機械学習の機能を組み込むことで、アプローチの精度が上がるリスト作りが可能になっていく。すでに、機械学習機能を既存システムに組み込むことのできるプラットフォームは数多く世の中に出てきている。例えば、ＩＢＭといったベンダーだけではなく、GoogleやAmazonといった企業が、学習するＡＩをクラウドサービスとして提供しているのだ。

具体的には、こうしたサービスを使いたい企業は、ＡＩに関してプログラムを書くことなく、企業側で準備したデータを読み込ませるなどにより、クラウド上に用意されているＡＩを成長させ、そのＡＩを既存システムに組み込むことが可能になっている。今までは

図表1-4　MLaaSイメージ

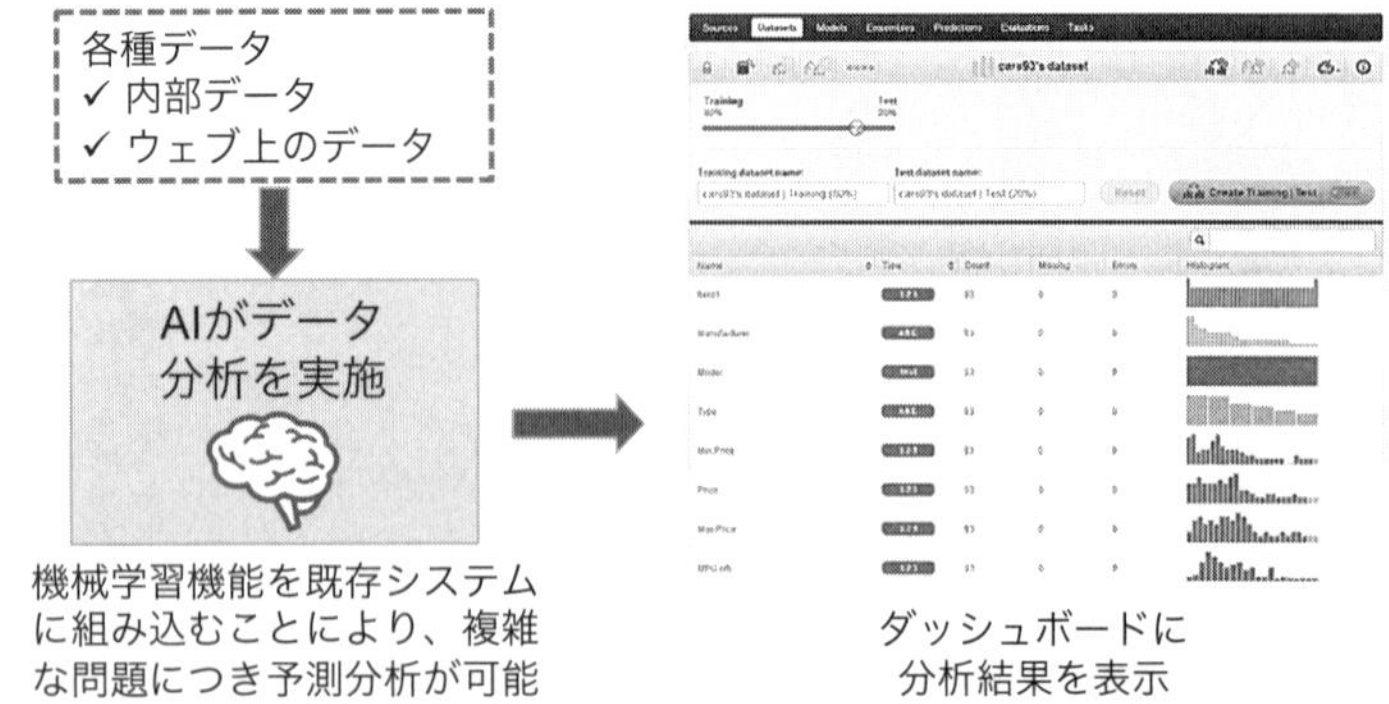

すべての条件分岐をプログラムとして記述しなければいけなかったが、ＡＩを用いることで、それを省くことができ、精度を向上させることができるのだ。

こういったクラウドサービスはSaaS（サース、Software as a Service）のように、「サービスとしての機械学習」（MLaaS：Machine Learning as a Service）とも呼ばれる。

米Market Research Futureの調査によると、２０１６年から２０２２年にかけて、MLaaSの市場規模の年平均成長率（ＣＡＧＲ）約40％で成長し、２０２２年には46億米ドル（約５２００億円）になるという。日本においても、大規模金融機関に限らず、中小規模の金融機関でも今後は活用されることになるだろう

対応するデータを入力するだけで機械学習機能が利用可能

MLaaSなどのソリューションによってＡＩ導入を手軽に推進できるため、内部データやウェブサイト上のデータ等を利用することで、既存のシステムプログラムをスマート化できる。あるベンダーのMLaaSでは、融資リスクやマーケティングキャンペーンなど多くの分析例が準備されており、対応するデータを入力するだけで機械学習機能が利用可能となっている。

例えば、コールセンターからセールスをかける際のリスト作成にMLaaSを用いると、今までに実施していた履歴データ等を学習させることで、ＡＩが自動的にリストを作成するようになるのである。そして、そのＡＩの活用結果は、MLaaSで用意されている結果画面でパフォーマンスを確認できるようになる。

今後、金融機関がデータサイエンティストを採用および育成していく初期段階では、MLaaSを活用し、新規サービスの立上げや既存業務の高度化・効率化を推進していくことになると思われる。

第 2 章

深化・進化するAIと金融機関の取り組み

Artificial Intelligence on Financial Institutions

AIはどう進化してきたか

ＡＩという言葉は、コンピュータとほぼ同じくらいの長さの研究・開発期間を持つ学術的な用語である。１９５６年に開催されたダートマス会議*で初めて使われたが、それは世界初の汎用電子式計算機が開発されてからわずか10年後の出来事であった。「人間の知能を機械でシミュレーションできる」というＡＩに関する研究は、それから２度のＡＩブームと冬の時代を経験し、ディープラーニングという新しい機械学習の手法によって現在の第３次ＡＩブームが到来した。第２次ブームまでは実務への展開は限定的であったが、第３次ＡＩブームでは第１章で述べたように実務への適用が進んできている。

では、現在の手法である機械学習やディープラーニングを説明する前に、まずは第１次ブームに遡って、ＡＩのこれまでを振り返ってみたい。

＊ダートマス会議
1956年7月から8月にかけて開催された、人類史上初めて「人工知能（Artificial Intelligence)」という用語が使われたとされる会議の通称。ダートマス大学に在籍していたジョン・マッカーシーが主催したため、ダートマス会議と言われる。

データ流通量の爆発的増大を背景に第3次ＡＩブームへ

まず、ダートマス会議をきっかけとして到来した第1次ＡＩブームは、「推論と探索」に関するブームと呼ばれ、あるルールとゴールが決められているゲームの中で、コンピュータがなるべく適切なゴールにたどりつけるように選択肢を選んでいくものであった。そのため、適用範囲はルールとゴールが厳密に決まっている枠組みの中に限られ、ルールが記述しきれなかったり、またルールやゴールが曖昧な現実世界では役に立たないことがわかってきて、それをきっかけにブームは終了してしまった。この段階のそれは、迷路やパズルを解くといった、いわゆるトイプロブレム（おもちゃの問題）を解く程度の成果しか出なかったのである。

その後、コンピュータの性能向上を背景に、「ルールベース」という考えを中心とする第2次ＡＩブームが到来した。ルールベースとは、情報・知識に条件を加味してルールとして記述することにより、その内容に基づきＡＩが処理するもので、有識者が処理した場合と同様の結果を得ることを目的に推進されたものである。第1次ブームのＡＩは守るべきルールの中で最適なゴールを見つけるものであったが、第2次ブームのＡＩでは「～といった条件の時に、～する」といったルールが数多く設定されているものとなっている。しかし、ルールとしてすべての事象を記述することは難しいことなどから、人の代替をさせられないということでブームは終わっていった。

次に、1990年代に始まるインターネットや2007年のiPhoneの登場をきっかけとしたスマートフォンの普及により、データの流通量が爆発的に増大することになったことなどから、AIが様々な情報を用いて学習できる状況ができ、「機械学習」と呼ばれる時代に突入する。

ディープラーニングを用いたAIが、Jeopardyという米国の人気クイズ番組でクイズ・チャンピオンに勝利したことや、画像認識のコンテストでカナダ・トロント大学のチームが圧倒的な勝利を収めることによって注目されることになり、いまの「第3次AIブーム」と呼ばれる時代に突入している。

現在、第1次AIブームの「推論と探索」の領域では、チェスの世界王者や将棋のプロ棋士にも勝てるようになっており、より複雑なゲームとされる囲碁での適用も進んできている。また、第2次AIブームの「ルールベース」では、特定分野の専門家の知識を記述する「エキスパートシステム」として成果を挙げてきている。

機械学習とは「AIのプログラム自身が学習する」仕組み

では、ここまでに何度か言葉が出てきた機械学習とはどのようなものかについて述べたい。

単純に言うと、「ＡＩのプログラム自身が学習する」仕組みのことを指す。ここで使っている「学習する」とは、例えば、「写真に写っている動物が、猫か犬かを区別する」ことだ。つまり、猫と犬の写真が多くあった場合に、その分け方を習得することを指す。

機械学習は「学習フェーズ」と「予測フェーズ」に分けられ、さらに学習フェーズには、「教師あり学習」と「教師なし学習」の２つが存在する。「教師あり学習」とは学習する対象と正解をセットで学習するもので、「教師なし学習」とは学習する対象のみで正解が用意されていない中で学習するものである。つまり、「教師なし学習」は正解がわからない中で、学習することになる。

猫と犬の例で考えると、「教師あり学習」の場合、学習フェーズでは大量の犬と猫の画像データと、その画像が猫もしくは犬かを示す回答データを使って機械学習モデルを作る。予測フェーズではその機械学習モデルに新しい画像を認識させ、判断をさせるという流れとなる。

「教師なし学習」は、画像が猫か犬かを示す回答データがない場合である。その場合は、情報同士の関連性を見つけ出していく中で情報の意味するところを把握できるようになる。

機械学習に注目が集まった3つの背景

さて、機械学習が着目されたのは、データの流通量が増えたことでＡＩが学習できる教材データが増えたためだということは先に述べたとおりだが、そうした背景について、もう少しだけ詳しく説明したい。

機械学習に注目が集まった背景は、①ハードディスクや計算能力の向上、②分析対象となるデータの増加、③データの２次利用の進展の３つに分解できる。

まず、ハードディスクや計算能力の向上によって、安価に大量のデータを蓄積し、分析できるようになったことの影響が大きい。少し前までは、ハード容量の制約によって絞り込まれたデータ項目のみ格納し、その限定的なデータからどのように示唆を出すのかという考えであったが、現在では分析の目的に照らし合わせて、どのようなデータが必要なのか、そのデータをどのように入手するのかという観点に代わってきている。

また、計算能力やネットワーク速度の向上により、大量のデータであってもリアルタイムで分析し、すぐに必要な部署やシステムに還元できるようになってきている。

２点目は分析対象となるデータの増加である。今までは、構造化データと言われる、いわゆるＥｘｃｅｌのように整理されている表形式のデータしか分析できなかったものが、文章や音声、映像データなどがＡＩによって分析できるようになってきている。

さらに、ＩＴを用いた個人向けサービスや企業内での業務システムが浸透したことで、これまでは記録されていなかったデータがいまは一定期間存在するようになっている。さらに、ＩｏＴ*の進展により新しいデータも生成されていることで、第二次ＡＩブームの時代に比べ、分析対象となるデータは爆発的に増加しているのである。

最後に、従来は様々なデータが一つの企業の中でも点在しており、企業間では断絶していたが、それが様々な取り組みによって統合されてきている。例えば、省庁や自治体のデータは、オープンデータとして二次利用可能な統計データとして活用が見込まれる。そのようなデータから意味合いを抽出し、現業ビジネスへの進展を図ったり、新規ビジネスの検討を進める流れになっている。

ＡＩに効率的に学習させるディープラーニング

このような背景の中、機械学習の利用が進展していくことで、いかに効率的にＡＩに学習させるのかという方法論も論点になっている。そこで、注目されるようになったのがディープラーニングである。ディープラーニングは、機械学習の一部に位置付けられるもので、今までのＡＩが苦手としていた、特徴を見分けることに長けているという長所を持っている。従来の機械学習では、業務の専門家が特徴を設定したうえでＡＩに学習させる必要があったが、ディープラーニングでは、特徴をＡＩ自身が見つけて設定する。

＊IoT
Internet of thingsの略。様々なものがインターネットにつながること。

図表2-1　機械学習とディープラーニングの違い

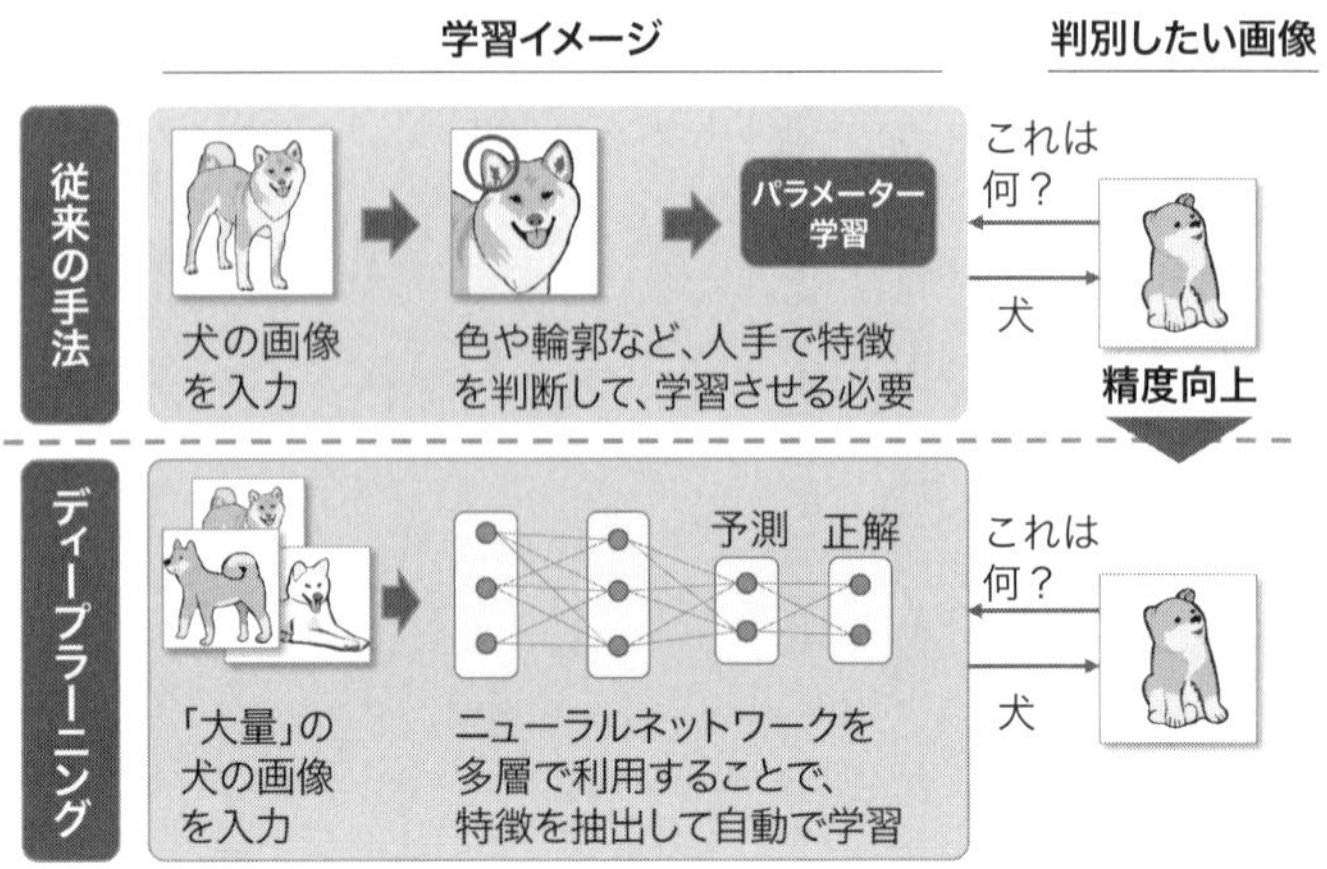

例えば、我々が様々な動物の写真から犬の顔を見分けるときには、目、鼻、口など犬だと考えられる特徴を見て判断する。ディープラーニングは、大量の犬の写真から、犬と判断することに必要な条件として耳の形が○○であったら、などのような特徴を捉えることができるのだ。噛み砕いていうと、大量のデータから、情報をそぎ落として類似性を発見できるわけだ。

ディープラーニングは人間の脳内に存在する神経細胞（ニューロン）から着想を経て、数学的にモデル化されたニューラルネットワークを基にしている。ニューラルネットワークとは、人間の脳のメカニズムをコンピュータ上で人工的に実現し、コンピュータが苦手とする処理を得意にしようということで生まれたＡＩでは伝統的な技術

図表2-２ 各用語の関係

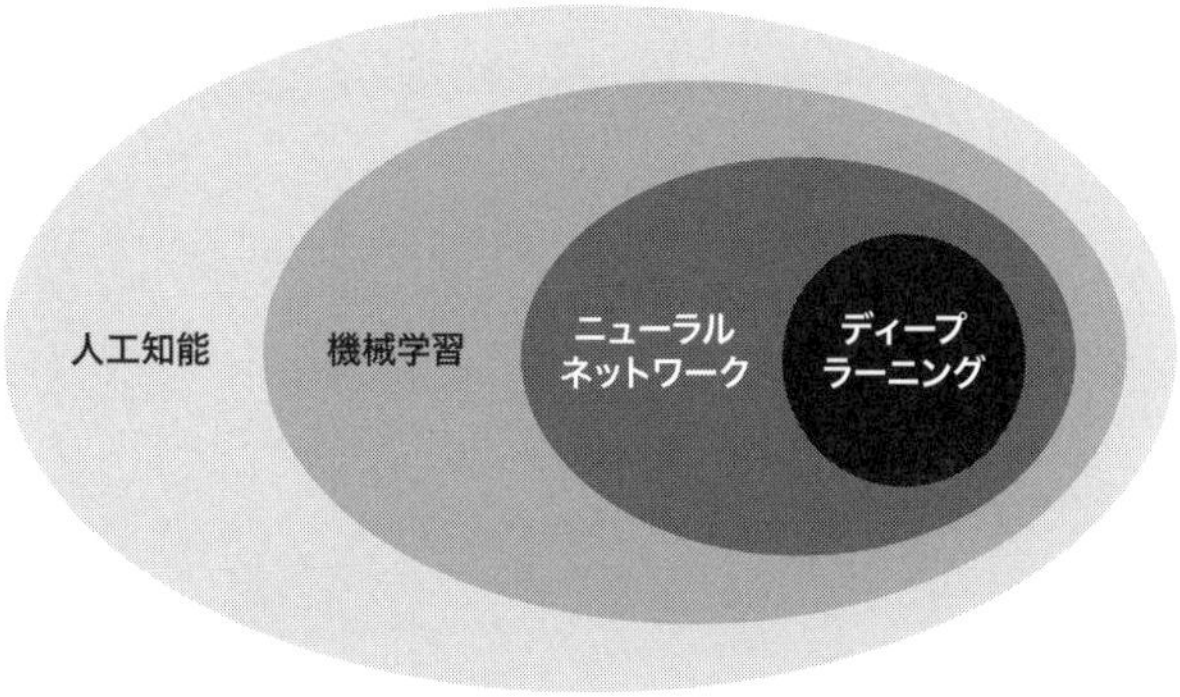

である。

ディープラーニングはそのニューラルネットワークを多層にすることで、脳のメカニズムを従来よりも正確にモデル化した技術である。多層化とは図表２－１にあるように入力と予測の間に複数の層が含まれることを指している。

今までに出てきたキーワードを整理してベン図で示せば、大きな人工知能の枠があり、その中に機械学習の部分があって、さらに機械学習の中にニューラルネットワーク、ディープラーニングの円が描かれているということになる（図表２－２）。

例えば、機械学習の１つの分野がディープラーニングであるから、機械学習を行っているからといって、必ずしもディープラーニングの技術や手法を使っているかどうかはわからない、ということを示している。

金融機関の仕事がAIによって代替される可能性

ＡＩは、以上のような流れでこれまで進化してきたが、本章で述べてきたように、様々なデータがある場合、ＡＩの介在余地は大きくなる。金融機関のサービスの多くは数字に置き換えられるものであることから、ＡＩとの親和性が高い領域であるともいえる。

英国のオックスフォード大学のオズボーン准教授の論文『雇用の未来』では、７０２の職業を９つの性質に分解して、この先10年から20年でＡＩに代替される可能性を算出した。その結果、金融に関連する職業である金融機関窓口担当者、融資担当者、口座開設担当者などが上位20の中にランクインする結果となった。

単純労働ではない、経験や知識のいる業務についても、金融分野においてはＡＩによって代替される可能性が大いにあることが示されており、日本銀行金融高度化センター長（当時）の岩下直行氏も、その結果を受けて、「コンピュータに代替されてしまう確率が高いとされた職業には、融資の判断をする職員を始め、銀行、証券、保険の領域での窓口担当者が多く含まれる。融資の判断については、限られた財務諸表のデータから機械的に判断するのではなく、様々なデータを有機的に取り込むことで、人間が犯しがちな失敗をしない、『間違わない審査』が可能になると想定されている」と発言している。

国内の労働力が減少していく中、金融分野におけるＡＩによる代替は必要性もあるため、進んでいくものと考えられる。

では、ここからは、国内および海外の個々の金融機関が、具体的にどのような取り組みを行っているかを見ていきたい。

国内金融機関におけるＡＩへの取り組み

❶三菱ＵＦＪフィナンシャルグループ ～イベント選出企業との協業

三菱ＵＦＪフィナンシャルグループ（ＭＵＦＧ）では、MUFG Fintech アクセラレータという、企業のアイディアを評価するイベントで選出された企業との協業という形でＡＩに関する取り組みを実施している。ちなみにMUFG Fintech アクセラレータとは、２０１５年に始まった、日本の銀行が主催する初のスタートアップアクセラレータ・プログラムで、革新的かつ独創的な事業プランを持つ企業が応募し、選考に残った数社の企業のビジネス立ち上げを支援する取り組みである。

第１期では株式会社 xenodata lab.（ゼノデータ・ラボ）が、ＡＩを用いた決算情報等の配信サービスの構築を事業プランとして発表し、優勝している。２０１６年6月には、ＭＵＦＧ傘下のカブドットコム証券とゼノデータ・ラボの共同で、決算短信や決算の説明資料などをＡＩにより分析し、企業レポートを自動作成するシステムを開発すると発表、翌年7月にはＡＩによって分析・作成された個別の企業株レポート「xenoFlash for kabu.com」として提供されている。

証券会社のアナリストがレポートを作成していない企業を作成対象としており、投資家自身が決算短信や決算の説明資料を読まなければいけなかった環境から、レポートを自動作成し提供することで、投資家の利便性を向上させるものになっている。

また、準優勝のAlpaca, Inc.は、ＭＵＦＧ傘下のじぶん銀行と共同で、ＡＩを活用した外貨預金サポートツールとして、「ＡＩ外貨予測」をスマートフォン向けアプリで提供している。「ＡＩ外貨予測」は、Alpacaの持つ時系列データの高速解析技術を活用しているとされ、1時間以内、1営業日以内、5営業日以内の3つの時点について予測を行うものになっている。

２０１７年2月、三菱東京ＵＦＪ銀行（当時）としてゼノデータ・ラボへ出資した際のコメントには、「当行としてＡＩ活用を重要視していることを踏まえ」という言葉が使われおり、今後もＡＩに対しては積極的な行動をしていくものと予想される。

❷三井住友フィナンシャルグループ　～電話営業へのAI導入

三井住友フィナンシャルグループ（SMFG）および三井住友銀行では、AIの実用に向けて様々なPOC（Proof of Concept＝概念実証）を推進していると発表しており、プレスリリースによれば10件以上の実証実験を開始しているということだ。そしてその際には、MLaaS（28～29ページ参照）の1つであるGoogle Cloud Platformを活用しているという。

その1つが、電話で金融商品の勧誘をする際、顧客に提案すべき内容をAIがオペレーターに提示するシステムである。具体的には、オペレーター対応中に、例えば「お客さまに送付資料の確認を促す」や「語尾に重ねるようにあいづちをうつ」といった「次の一手」を助言する仕組みである。これは、オペレーターと顧客の実際の電話営業のやりとりをAIに学習させることで、どのような対応をした時に契約が成立するか、しないかを分析したものだ。

以前は、オペレーターのレベル差異によって成約率が異なっていたが、AIを用いたサポートによって、レベルの高いオペレーターの知見を、他のオペレーターに移転していく取り組みといえる。

今後も、データを蓄積して機械学習を繰り返すことで、助言の精度を高め、２０１８年にも実用化をめざしているという。

また、三井住友銀行ではサイバーセキュリティの強化にもＡＩを活用している。サイバー攻撃に関する情報の自動分析と、セキュリティ監視での検知内容に関する情報の自動検索という２つの取り組みである。サイバーセキュリティの対応は金融機関における経営上の重大なリスクを軽減する取り組みとして、その監視体制を高度化していくとしている。

このうち１つ目の「サイバー攻撃に関する情報の自動分析」とは、サイバー攻撃に関する手口や傾向など外部機関が保有している膨大な情報から、ＡＩの自然言語処理技術を用いることで有意な情報を抽出し、新たに確認されたサイバー攻撃に対する対応を強化していく取り組みである。新たな手口による攻撃に対して、どのように対応していくかがこれまでサイバーセキュリティの問題の１つであったが、この対応によって強化が見込めるものとなっている。

２つ目の「セキュリティ監視での検知内容に関する情報の自動検索」とは、監視システムで検知した不審な通信や挙動について、対処方法に資する有意な情報を様々な情報源から収集し、提示するものである。ルールに則った情報収集により、関連性が高い情報を収集できるようになることで、迅速かつ正確に、怪しい通信や挙動について対応することが期待されている。

このように、AIを用いることで、入力された情報から関連性の高い情報を探索し、必要な形で利用者に情報を還元できるようになってきている。今後は、どのようなデータを用いてAIを学習させ、どのような情報を利用者に還元すると付加価値が向上するかの研究がより進められていくことになるだろう。

❸りそな銀行 ～コミュニケーションロボットによる「顧客対応支援」

少し変わった取り組みとしては、コミュニケーションロボットによる「顧客対応支援」がある。りそな銀行では、天井に取り付けられたセンサーが検知した来店者に、コミュニケーションロボットが顧客対応を迅速に実施するという実証実験を2015年末に実施している。

実証実験では、店舗の1階に来店した顧客を天井のセンサーが捉え、その信号をキャッチしたコミュニケーションロボットが行員に代わって「いらっしゃいませ」と来店客にあいさつし、案内業務を行う。相談の場合は、「ご相談は2階で承ります」といったように、窓口カウンターのあるフロアを案内する流れとなっている。

2階にもコミュニケーションロボットが置かれ、来店客にセルフ受付タブレットの利用を促したり、預金やローンなどの商品を音声で紹介する。従来は行員が行っていた案内業務を代替するものになっているのだ。なお、顧客の来店を検知した天井のセンサーの情報は、執務室にいる行員に通知される仕組みである。

顧客からの問合せについても対応できるようになっており、その対話情報を分析することで顧客が困っている点について確認することができるようになっている。行員には聞きづらい初歩的な質問も、ロボットであれば気兼ねなく質問する傾向があるということで、そうしたロボットが相手ならば警戒心が薄まるという特性を生かし、行員との役割分担により営業を推進していくことになる。

他の金融機関ではあるが、ＬＩＮＥのようなメッセージアプリ上でＡＩによるチャットボット*やスマートスピーカー*を用いた顧客対応も実現されてきていることから、今後は、顧客とのユーザーインターフェースとして重要になってくると予想される。

❹京都銀行 ～AI活用で稟議書作成

融資の稟議書起案業務について、ＡＩを用いて担当者をサポートしようという地方銀行も出てきた。京都銀行では、稟議書を作成する際、案件の類似性をＡＩが判断し、参考となる過去の稟議書を抽出する実証実験を２０１７年11月１日に開始した。

稟議書は融資判断を行うために作成する決裁文書であるが、融資案件の特性を踏まえた

＊**チャットボット**
「対話」と「ロボット」を組み合わせた言葉で、AIを活用した「自動会話プログラム」のこと。

＊**スマートスピーカー**
インターネット経由で音声によってAIに指示できる機能を持つスピーカーのこと。

記載内容は担当者の経験による部分も多く、作成に時間を要する場合が出てきており、不十分な記載内容による起案で差戻しが発生するなど、担当者と承認者の双方の業務時間を逼迫させる要因のひとつにもなっている。

そのため、さらなる顧客接点の拡大のため、稟議書作成にかかる時間を短縮しつつ、文書品質を高めることを目的に、案件の背景や特徴をＡＩが分析することで最適な参考例を抽出し、担当者に提示するというのが京都銀行が始めた取り組みである。

担当者は、参考例が還元されることで記載すべき内容を把握でき、顧客訪問時の確認ポイントや徴求すべき資料を把握できるため、稟議書作成に必要な情報を効率的に集めることができる。かつ、過不足をその参考例と比較することで確認できるため、時間の短縮や差し戻しの減少が期待されている。

今後は成長の類似性などに着目することで、同じような融資をしている企業の中から成長している企業を抽出し、次の案件化の検討に際してインプットするなどの発展が考えられる。ＡＩは類似性を発見することに長けているため、類似の案件を抽出することで、効率化や高度化を想定できる業務を探すアプローチが有用である可能性がある。

Artificial Intelligence on Financial Institutions

欧米金融機関におけるＡＩへの取り組み

海外の金融機関では、ＡＩの活用に向けた体制整備を進めるほか、ＡＩ関連ベンチャー企業への出資や新規サービス導入を進める動きが見られる。

❶ドイツ銀行 ～ＡＩ活用コンテストの表彰企業と共同プロジェクト

ドイツ銀行のＣＥＯ（当時）であるジョン・クライマン氏は、「ＡＩによってスタッフの大多数が最終的にロボットに置き換えられる」との発言をしており、今後5年でＡＩへの投資を含めたデジタルイニシアティブ投資として10億ユーロを投資すると表明、デジタル化の推進によりドイツ国内の25％に相当する１８８店舗の閉鎖が正式に発表されている。デジタル化を推進させるためにシリコンバレー、ベルリン、ロンドンおよびニューヨークにイノベーションラボを開設しており、ＡＩを含めた新技術の探索をしているという。

その流れの１つとして、２０１６年には金融分野におけるＡＩ活用のアイディアを募集するコンテストを開催している。募集にあたっての提案例には、口座管理、キャッシュレス決済や商品提案等が示されていた。これには108の応募があり、そのうち25のアイディアが表彰された。

詳細は公表されていないが、表彰された25社と共同プロジェクトを実施しているとみられ、AIを用いた業務の効率化や顧客接点の高度化が進められている。

一例をあげると、日本での法人向けインターネットバンキングアプリに該当するようなアプリがあり、それで請求書を撮影すると、その撮影された画像から文字を認識した上で振込に必要な情報をAIが判断、これを抜き取ることにより、振込実行の手前まで準備することができる機能を導入している。この機能によって、利用者は入力作業の短縮とともに、請求書からの転記ミスを減らすことができる。

仮にAIが誤って振込情報を作成したとしても、振込実行者がその画面上で振込先や振込金額を補正できるようになっており、これにより認識精度が徐々に高まっていく仕組みも内包されている。

また、ドイツ銀行は、チャットボットやスマートスピーカーを用いた顧客とのコミュニケーションにWatson AIの導入を開始したと発表しており、人手を使っていた顧客とのコンタクトのAIによる代替が進められている。

❷バンコ・サンタンデール～チャットポットでの資金管理、声紋での生体認証

スペインの銀行であるサンタンデールは２０１６年からチャットボットに注目しており、すでに複数種類のチャットボットを提供している。顧客向けのモバイルアプリ上では、音声対応のチャットボットを使って資金管理ができるようになっている。

音声認証によるチャットボットへのログイン後は、口座残高をすぐに確認できるような仕組みが提供されており、それ以外にも送金処理、支出の確認や銀行カードの紛失・盗難の報告ができるようになっている。

また、別のチャットボットであるSandrineは、１２００を超える質問に対応できる顧客対応能力を持っており、ノルウェーで提供されている。

さらに、サンタンデールの子会社であるサンタンデール・メキシコは米国のNuance社によるＡＩを用いた声の分析システムを導入している。このシステムによって、電話での声紋を使った生体認証が可能となったことで、会話での認証に失敗した顧客が満足度を落とすといった問題を解決しただけでなく、認証にかかる時間を減少できたことによって、オペレーター数を減らすことができ、経費削減を実現している。

同システムは、ＡＩによって発話内容の矛盾（事後的な発言内容の修正や躊躇）を認識

できるものとなっており、会話から得た示唆をオペレーターに還元することで、顧客との対応品質を向上させることも可能になっている。

さらに、サンタンデールはフィンテックを投資対象とするベンチャーキャピタルを持っており、ＡＩを重点的な投資テーマとして設定している。ＡＩ分野の博士号を持つ元マッキンゼーのコンサルタントをファンドの担当者として雇用しており、顧客向けサービスの自動化を推進するPersonetics Technologiesや人間の活動を解釈できるＡＩを持つGridspaceおよび、リアルタイムデジタルＩＤ検証ソリューションを金融機関向けに提供しているSocureのような複数のＡＩ関連の企業に投資している。

例えば、Socureは消費者の信用情報をソーシャルメディア等に代表される公知情報から検索し、その情報をＡＩによって分析することでログイン申請者が本人であるかをスコアとして利用企業に還元する仕組みを持っている。この技術は、その仕組みを新規銀行口座の開設やクレジットカード、デビットカードの発行などの場面に活用することで、マネーロンダリング防止（ＡＭＬ）などの規制対応を保証するとともに、従来型の融資審査で求められる信用情報がないために銀行から排除されてしまう可能性のある顧客予備軍に対し、金融サービスを提供できる可能性を秘めている。

❸バンク・オブ・アメリカ～インターフェイスへのAI導入

バンク・オブ・アメリカは、２０１６年10月に米国ラスベガスで開催された２０１６Money20/20で、カスタマー・リレーションのインターフェースとしてのＡＩ導入などを発表している。２０１６年にはデジタル向けの予算を昨年比で3倍とし、この分野での銀行業界トップを目指している。

インターフェースにＡＩを採用するとは、顧客の好みに合わせて情報の出し入れを自動的に行う総合的なサービスを意味すると説明されている。そして、そのＡＩの基盤についてはプライベート・クラウド上に独自で開発をしている。すでにそのクラウドの開発向けに3万超の人員を雇用しており、競争優位性を作ろうとしている。

一つの成果として挙げられるのは、パーソナル・ボイス・チャット・アシスタントとよばれる「Erica」だ。Ericaは同社のモバイル・アプリケーションに組み込まれており、顧客は音声ガイドによって、必要とするサービスにスマートフォンのアプリケーション経由でアクセスできるようになっている。窓口業務の8割がオンラインで対応できるようになることを目標に機能を開発している。

同社ＣＴＯのDavid Eilly氏は「２０２０年の技術ロードマップ」として、図表２－３

図表2-3　バンク・オブ・アメリカCTO David Eilly氏の発言

	発言内容	わかりやすく書き下した場合
1	現在のプライベート・クラウドの改良によって、将来に必要となるデジタル・インフラストラクチャーを構築する	バンカメのみアクセスできる環境で作られたクラウドに将来に必要となる機能を追加することで、出来るだけ多くのことをそのシステムで完結できるようにする
2	データ・プラットホームの最新化によって、顧客との関係をより深く構築するとともに増収とリスク軽減をはかる	点在しているデータをつなぎ合わせて、分析しやすい環境にすることで、今までわからなかった顧客の特徴を把握し、新たな商品提供や利率の調整を行う
3	ソフトウェアのデリバリーについてコンポーネント開発へシフトする	ソフトウェアの部品を用意しておくことで、レゴブロックのように組み合わせてソフトウェア開発できるようにすることにより、極力タイピング量を減らす
4	個別にカスタマイズされた開発アプローチやアーキテクチャを、効率的に管理できる標準に移行する	様々な作り方で開発されたシステムを統一ルールによって管理できるようにすることで、属人化を排し、運用効率を向上させる

にあるような発言をしている。

このように、ＡＩの導入を含むプラットフォームを内製化することで、他の金融機関との差別化を推進しようとする動きも出てきている。

❹スタンダードチャータード銀行 〜チャットボットによる接客

スタンダードチャータード銀行は、残高管理、支払実行や支出の分析をするためのチャットボットを香港で開始すると発表している。２０１８年からの段階的な展開でコールセンターやモバイルを含むオンラインチャネルで展開するという。

チャットボットとして提供される「仮想アシスタント」という機能は、会話形式で最適な商品やサービスを推奨するものになっている。また、行員によるサポートが必要な場合は、シームレスにその分野の専門家に引き継がれる仕組みが採用されるようだ。

このようなチャットボットによる接客はその他の金融機関でも採用され始めており、今後も同様の取り組みが進んでいくものと想定される。

他業態における取組事例からみえるもの

❶生命・損害保険会社 ～パターン認識による不正請求防止

保険会社における保険金の支払行為には、被保険者からの請求行為を点検し、不正がないかを確認する作業が伴う。ただし、当該請求行為が不正なものかをチェックする作業の多くは、専門の保険調査員の経験と勘に頼るものともなっており、不正請求行為の巧妙化ともあいまって、詐欺的行為と断定することが困難な場面も存在する。

加えて、このような調査にかかる費用は増加し、調査期間も要することから、保険会社の経営を圧迫する要因ともなっている。また、このように費用と時間をかけて対応しても、人手により不正請求を見抜ける確率は20％を下回るとも言われており、保険金の不正請求防止は業界における共通課題ともなっている。

こうした保険金の不正請求について、保険請求当事者である関係者を整理し、その他の複数の請求事案を照合、重複している人物や企業の有無を確認することで、請求の不正請求度合いを計測するサービスを提供しているベンチャー企業が複数存在している。

例えば、フランスのパリに所在するShift Technology社では、ＡＩを活用した保険金詐欺の特定を可能とするプラットホームビジネスを保険会社向けに展開している。これは、「保険金請求受付→他の保険金請求事案照合→個別事案の内容確認→過去の支払実績確認→過去の詐欺的請求とのパターン照合→不正請求の可能性算定」といったこれまで人手に頼っていた一連のプロセスを、同社のシステムを利用する形で自動化するものだ。

同社は、保険会社における意思決定を支援することを目的に、不正行為か否かの照合データをユーザーたる保険会社に提供し、詐欺的行為によるものと判断した場合には、さらなる詳細調査を保険会社に促す。保険会社からは情報登録および照合・結果通知にかかるサービス利用料を受け取るといったビジネスモデルだ。

保険調査員が集めた過去の不正請求データなどを同社のシステムに登録、ＡＩが過去の不正請求事案とパターン照合したうえで類似事案を抽出し、詐欺的行為か否かの参考情報を提供する。保険会社による登録情報が徐々に蓄積されるにつれ、ＡＩの機械学習により検知精度の向上が見込めることもあり、巧妙化する詐欺的行為を防ぐうえでの有効な一手とされる。

なお、すでにクレジットカード業界では、クレジットカードの不正使用において同様の取り組みを実施している。すなわち、「普段の購買行動とは異なる」「普段行かない場所で支払っている」といった「外れ値」を抽出することで、クレジットカード契約者に警鐘を鳴らしたり、あるいは不正使用が疑われる加盟店に一報を入れて本人確認を促したり、といった抑止活動を実践している。

Shift Technology社の取り組みは、クレジットカードの不正炙り出しメカニズムを保険業界へ転用したものとも言える。

❷損害保険会社 〜保険証券などをAIによりデータ化

顧客の自動車保険証書をタブレット端末で撮影し、顧客にメリットを訴求できる可能性の高い損害保険商品の見積もりを早期に提示する。そうした仕組みをＡＩで構築し、提供している損害保険会社も出てきた。

損害保険ジャパン日本興亜では、人口知能を活用したｉＰａｄ用アプリ「カシャらく見積」の提供を２０１７年８月１日から開始している。

同社では従来、顧客が現在加入している他社保険の内容を同社の代理店システム（保険料計算システム）へ個別に入力しており、顧客への実際の提案までに相応の時間を要していた。同社では代理店向けに従前よりタブレット端末の利用を推奨していたが、タブレット端末はポータビリティ面では優位であるものの、実際の入力作業には手間も要していた。

また、最適な補償内容の提案を実現するための作業が、同社の職員や個々の代理店担当者の知識やスキルに依存している点も課題となっていた。

そこで同社では、機械学習を取り入れたＡＩを画像認識エンジンとして組み込んだタブレット用アプリを開発、代理店担当者などが顧客から預かった既存の保険証券などをタブレットのカメラで撮影し、読み取った画像をＡＩによりデータ化するシステムを構築した。データは自動的に同社の保険料計算システムへ転送され、同社の補償内容に読み替えた後、代理店システムにより代理店に送信する仕組みだ。これにより、新たな保険見積もりに要する時間の短縮が可能となった。

加えて代理店側でも、同社から受信したデータを顧客の面前でタブレットの画面上に表示させることにより、契約手続きまでの一連のプロセスにおけるペーパーレス化と募集プロセスの削減による生産性向上が図られる。従来はベテラン職員でも一連の作業には１時間程度を要していたが、タブレット端末での画像撮影から10分程度で顧客提案が可能になることから、成約率向上効果に加え、顧客対応の品質向上に寄与することが期待されている。

このように、紙データをあらかじめ決められたフォームに自動転記したいといったニーズには、ＡＩ処理が効率的に機能する。例えば、銀行等で言えば、住宅ローンの借り換えニーズは金利環境の変化などにより最近特に増加しているが、顧客から紙で受領した他社契約情報を、ＡＩの活用により自社住宅ローンとの比較参照が可能な形態で見積もりシステム上に自動転記することで、顧客提案活動の迅速化に資することになるだろう。

❸クレジットカード会社 ～加盟店審査の高度化・自動化

楽天やアマゾンにみられるＥＣビジネスの増加や、スマホ決済をはじめとした決済手段の高度化・多様化を受け、消費者におけるクレジットカード利用シーンは拡大の一途を辿っている。実店舗、ＥＣサイトを問わず、クレジットカード決済の可否は、消費者にとってその店舗の重要な信用指標の一つであることから、カード会社にとっては、多種多様な業態の加盟店に対し、今まで以上に高度な加盟店審査業務を実施することが急務となっている。

こうした中、クレジットカード業界では、クローリング＊によって公知情報を収集し、その情報を評価することで、加盟店におけるクレジットカード利用の点数化を図るといった取り組みが進んでいる。

クレジットカード業界向けにビッグデータを活用したソリューションやビジネスインフラを提供するＮＴＴデータでは、２０１３年10月より加盟店審査業務高度化の取り組みの一環として、非構造化データ＊分析技術を用いた加盟店審査関連情報収集の高度化・自動

＊クローリング
インターネット上のリンクをたどってWEBサイトを巡回し、その内容を保存する、AIが組み込まれた検索エンジンのこと。

＊非構造化データ
従来のデータベースシステムでは格納が難しいデータ全般のこと。例えば、音声、画像や動画など。

化の実証実験を実施している。

加盟店審査時には、様々な情報を参照・分析して総合的な判断を行うが、特に「非対面先」と呼ばれる実店舗を持っていない加盟店（ＥＣ加盟店、スマホ加盟店等）に関しては、従来の加盟店審査と比較して情報参照先が多岐にわたる。実証実験は、これらの情報分析を、加盟店審査部門がいかに正確かつ効率的に実施することができるかを検証ポイントに挙げたものだ。

実証環境としては、米マークロジック社のEnterprise NoSQL Database「MarkLogic Server®」による、柔軟性・拡張性に富んだ開発基盤を軸に、ＮＴＴデータのエンリッチ化技術*を組み込んだ加盟店審査用のプロトタイプシステムを用意。なお、この実証実験では、以下の機能を構築のうえ、その有用性を検証している。

1. 情報収集機能

インターネット上の第三者情報、ＥＣサイトの記載内容、口コミによる評判情報など、インターネット上に大量に存在する情報の中から、審査に必要な情報を抽出し収集する機能。

2. 審査用データベース構築機能

収集したインターネット上の情報や、公知の情報とカード会社の社内の業務データについて、いっそうの充実化による意味解釈を行い、Enterprise NoSQL Database上へタグ付

＊エンリッチ化技術
文章や表などに対して、推定した構造の意味を付与する技術。

けして格納。これにより、あらゆるデータが格納された審査用データベースを構築する。なお、公知情報は表形式などで整理されたいわゆる「構造化情報」のほか、表形式などによらない自由記述情報によるいわゆる「非構造化情報」からなる。

3．ダッシュボード表示機能

審査用データベースに蓄積されている、カード会社の業務に必要な分析結果、情報収集結果を一つの画面に表示することができるのがダッシュボード機能で、審査業務の効率化を実現。

クレジットカード業界におけるこうした実証実験などを経て、2014年10月、三井住友カードでは、NTTデータ、日本総合研究所と協力してビッグデータの分析技術を使ったクレジットカード加盟店管理システムを開発。新規の加盟店審査と既存加盟店の途上管理に利用し始めた。

この新加盟店管理システムでは、これまで担当者が目視などで確認していたインターネット上に流通する各種情報を、機械的に収集・分析することを可能としている。これにより、手作業の排除とより多くの非構造化データの効率的な収集が実現した。

収集対象となるデータとしては、加盟店自体のホームページに掲載されている情報、SNSなどでやりとりされている情報、インターネット上の掲示板に掲載されている当該加

図表2-４　ＡＩを用いた加盟店審査のイメージ

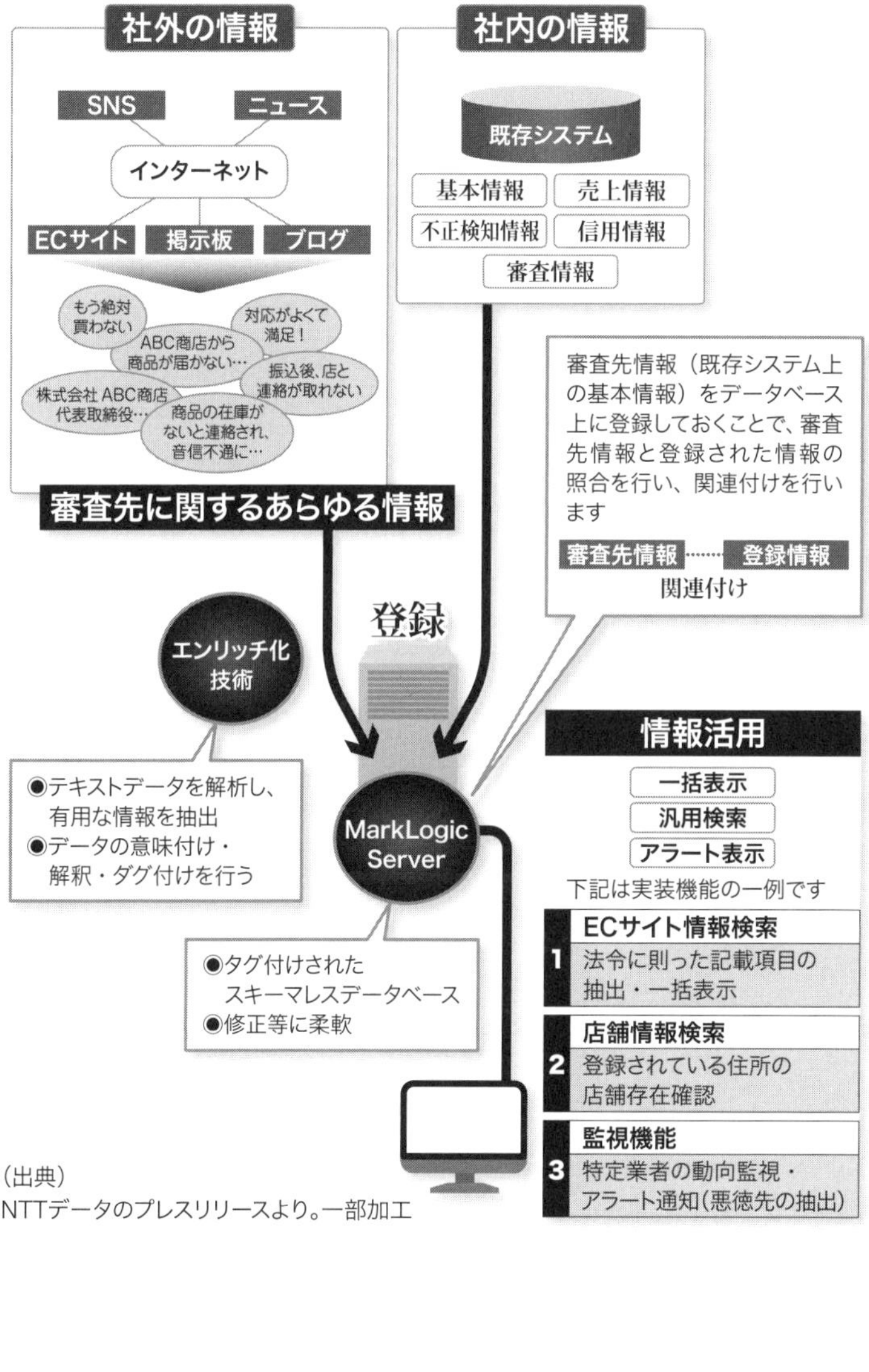

（出典）
NTTデータのプレスリリースより。一部加工

盟店の情報、といったものが中心となる。いわば「ネット上の噂話」に近いこれらの情報は、表現様式もそれぞれ異なり、そのままでは機械的に取り扱うことが困難な情報、いわゆる「非構造化データ」でもある。

そこで、新システムではビッグデータ解析で培った技術を利用して、これらの非構造化データを機械的に処理しやすいよう構造化して管理。異なる加盟店情報などを横並びで比較することも容易となった。これにより、これまで人手を介して収集・分析・評価し、審査担当者の属人的な「目利き能力」に頼っていた「ネット上の噂話」などの評価作業の迅速化と平準化を可能としているのが特徴だ。

これはクレジットカード業界における取り組み事例ではあるが、今後、行政機関が公表するオープンデータと公知情報を組み合わせて、新たな評価の視点を導出することも可能となるだろう。例えば、企業の登記情報と接続したうえで「○○社は毎年、本社所在地を移転している」といった情報を自動抽出し、これに公知情報やネット上の噂話などを組み合わせることで、企業の特異な傾向や懸念情報などを効率よく導出することが可能になると考えられる。

❹コールセンター運営事業者ほか　～ＡＩを活用した感情分析

我々がＥＣサイトで買い物をしようとすると、時に「あなたへのオススメ」「他の方はこんな商品もみています」といったように、サイト側からの情報に接することが多いと思われる。これは、過去に当該サイトを訪れた際のページごとの滞在時間や実際に購買に至ったかといったアクティビティの解析により、個人の趣味や嗜好を類型化し、それに合致した商品やサービスを自動的に抽出、表示させているためだ。

もちろん、傾向分析にはより詳細なデータの取得が有用となるため、実際は過去の購買行動時に入力した情報を拠り所としている。例えば、年齢、性別、住所などの基礎的データがこれに該当する。ただし、ページの閲覧記録や滞在時間からの類推であった場合、必ずしも個人の本来の趣味や嗜好に合致した商品やサービスの抽出に至らないケースも多い。

そこで、個人の好みなどをより高精度に捕捉するものとして、最近は「感情ＡＩ」という概念が生まれている。感情ＡＩというのは、笑顔や泣き顔といった「表情情報」、音程や音量から類推される「声帯情報」、場合によっては物を書く際の筆跡や筆圧あるいは書き振りといった「文章情報」などを収集・分析し、その時々の個人の感情を類推するものだ。

これらは、感情情報の数値化、といってもよいだろう。例えば、感情は、悲しみ、喜び、怒り、驚き、恐怖、軽蔑、侮辱の7つの面でスコアを算出できるという。

実際は、個人に様々な一次情報に接してもらい、その時々の表情の変化、声の音量や高さの変化を収集していき、機械に学習させる。多くの場合、動画・静止画などのカメラ画像やマイクから入力される情報がインプット情報の中心となる。

機械学習が進めば進むほど、特定の情報を与えた時に、その個人がどのような「感情変化」を示すか、といった結果を導出することが容易となる。また、より多くの人数のサンプル情報を積み上げると、「〇才で〜といったタイプの男性は、△の情報を与えると、〜の反応を示す」といった結果の導出も可能となる。従前、心理学者が学識的かつ経験的に学んできた情報の定量化プログラムに近似してくるといってもよいだろう。

これらの技術を利用し、例えば、事業者からコールセンター業務を受託して運営している事業者などにおいては、顧客からの問い合わせ対応を担うオペレーターの感情情報を実際のビジネスに活用している。

いわゆるクレーマーと呼ばれる一部の顧客からのしつこい問い合わせや詰問などを受けた場合、一般のオペレーターの心的動揺は、多少なりとも表情の作りや声色の変化として現れる。そこで、コールセンター運営事業者は、こうしたオペレーターの感情変化を察知し、上位者がヘルプに入る、といった対応がすでに実用化されているようだ。このような対応は、一部のＢＰＯ（ビジネス・プロセス・アウトソーシング）事業者において、コールセンター業務の運営をスムーズにこなすための支援技術として活用されている。

また昨今では、ＡＩを活用した感情分析自体がビジネスとして注目されている。

例えば凸版印刷株式会社では、株式会社シーエーシーとともに、マサチューセッツ工科大学で開発された感情分析のソフトやサービスのライセンスを持っている米国企業アフェクティバと、そのソフトとサービスを活用した共同開発を２０１６年12月から実施している。そこでは、カメラ等から取得される画像情報から、対象者の表情情報を取得することで、感情、年齢や性別についてＡＩを用いて判定する。

これは、読み取った表情から、対象者に合致した画像を表示する、ニーズのありそうなクーポンを発行する、あるいはオススメ商品を表示することで、新たなプロモーション活動を展開しようという試みだ。

凸版印刷によれば、アフェクティバは世界最大級の表情と感情のデータを蓄積しており、世界75カ国で４００万人以上の感情を分析し、５００億件に上る感情データを収集済みとしている。

金融業界では、顧客の顔情報を読み取るチャネルとして、すでにＡＴＭというインフラを有している。そこで読み取った感情情報を踏まえ、適切な商品提案やＣＭの表示、クーポンの提示なども可能となってくるだろう。

同様に、店舗内の接客シーンでの活用も期待される。これらの取り組みについては、幅広い分野で応用がきくこともあり、金融業界にとどまらず、他業種での利用シーンを描くことも容易だ。

第3章

ＡＩが変える金融機関の営業体制

Artificial Intelligence on Financial Institutions

ＡＩによる金融機関業務の変化の方向性

ＡＩは金融機関の営業をどのように変えるのだろうか。まずはＡＩを分類しながら、金融機関の業務に対してどのように適用することができるのか考えていきたい。

ＡＩは主に、「認識系のＡＩ」と「分析系のＡＩ」に分けて捉えることができる。認識系のＡＩとは、様々なインプットデータから認識を行う分野で用いられるＡＩである。文書や数字のような定型的なデータだけでなく、ＡＩを用いれば音声や画像のような不定形なものまで認識することができる。例えば、複数の画像から特定の人物を選び出すといったことも可能だ。よって、今まで人間しか認識できなかったようなものや、量が膨大で人手で取り扱うのが困難な領域への適用が考えられる。

一方、分析系のＡＩとは、「解釈」と「推論」に分けて考えることができる。「解釈」とは、例えば大量のインプットデータから何らかの相関関係を明らかにするようなＡＩであり、人間が今まで気付けなかったようなことがＡＩによって明らかになる可能性がある。

図表3-1　AIの分類

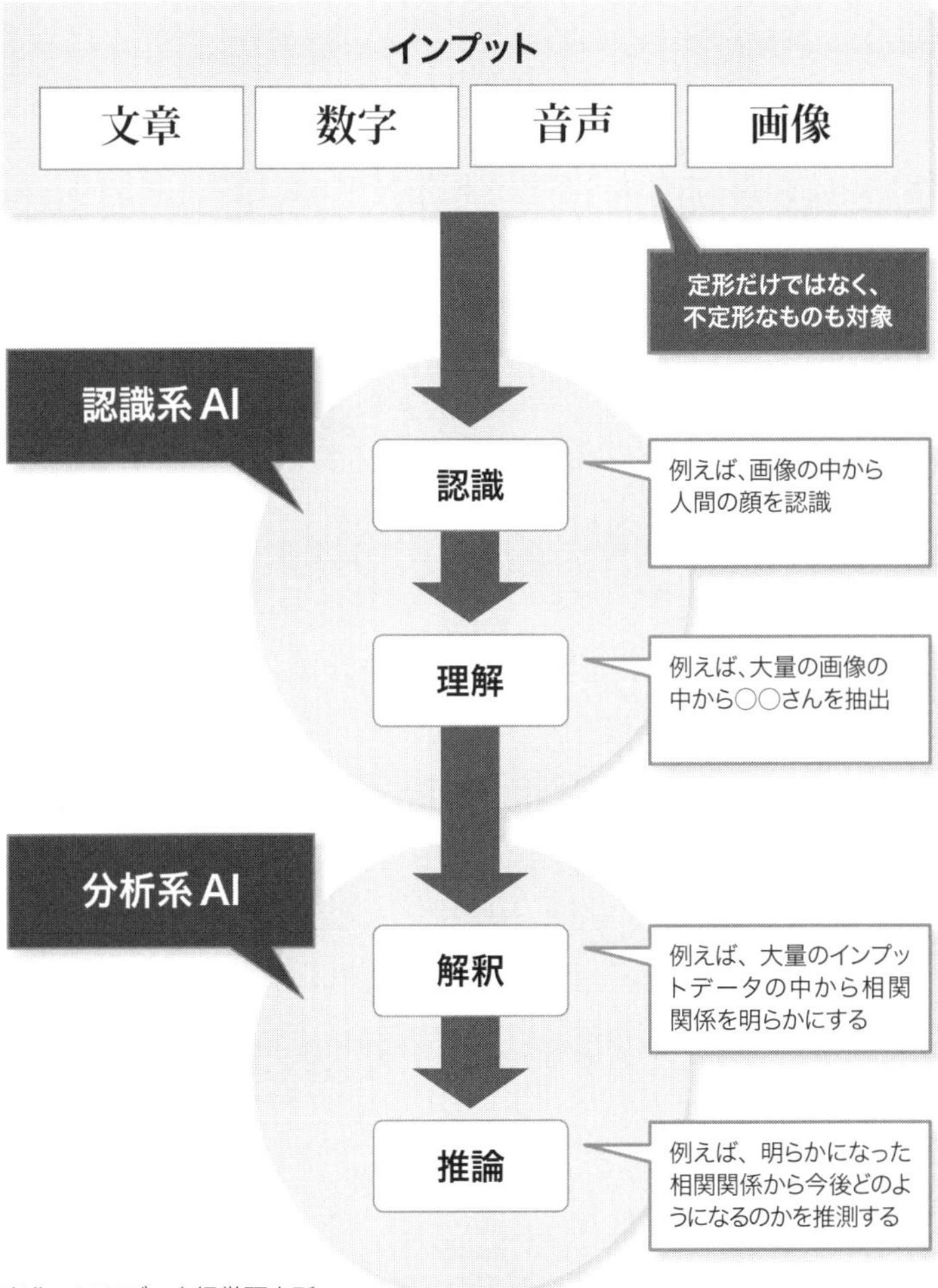

出典：NTTデータ経営研究所

「推論」とは、「解釈」によって明らかになった相関関係から今後どのようなことが発生するのかなど、推測を行うことである。つまり、今まで人間が直感的に行ってきた処理をAIがデータに基づいて行うようになる。

では、このようなAIの特性を生かすことで、金融機関の業務はどのように変わっていくのだろうか。変化の方向性には、「既存業務の効率化」と「AIが持つ機能を生かした新たな機能の創出」の2つがあるものと考えられる。

❶既存業務の効率化

既存業務の効率化は、主に4つの分野での展開が想定される。1つ目は、従来紙で受領していたものの電子的な処理。2つ目は、業務量が少なくシステム化が遅れていたものの自動処理化。3つ目は、入力後に確認を要する業務への展開。4つ目は、特殊な知見が必要なものの代替またはサポートである。

金融機関の業務は他業態に比べて最も早く電子化が始まったが、他者から来るものは紙で受領するものが多い。例えば、税当局が出す税公金の納税通知書、法務局が出す不動産登記簿謄本や商業登記簿謄本、住宅ローンに関する不動産契約関連書面、公共料金支払いのための口座引落依頼書など、電子的な授受は進んでいるものの、窓口では紙で受領するものが多い。ＡＩを用いることにより、そこで新たな対応が可能になるというのが１つ目の展開である。

２つ目だが、金融機関では大量定型業務のシステム化は進んでいるものの、業務量が少なく、かつ非定型のものはシステム化が遅れている。システム化未対応の業務には、複数の情報システムが連携すれば自動化・電子化できるものの、システム改変コストと見合わずに人手で行われているものと、そもそも現在のシステム開発コストに見合わずに人手で行っているものの２パターンがある。これらがＡＩによって自動処理化される。

３つ目の入力後に確認を要する業務は、そもそも１つ目で指摘したように、紙で受領するがゆえに打鍵処理が生じ、それによって発生する業務である。これもＡＩによる効率化が可能だ。

４つ目で挙げている「特殊な知見が必要なもの」だが、これは、販売時の説明や複雑な事務処理など広範なナレッジが必要なものと、将来を予測しながら対応することが必要なものの２つに大別される。これも共に、ＡＩが生かされる分野である。

❷ＡＩが持つ機能を生かした新たな機能の創出

一方、「ＡＩが持つ機能を生かした新たな機能の創出」には大きく３つの方向性がある。

図表3-2　AIと銀行業務への影響

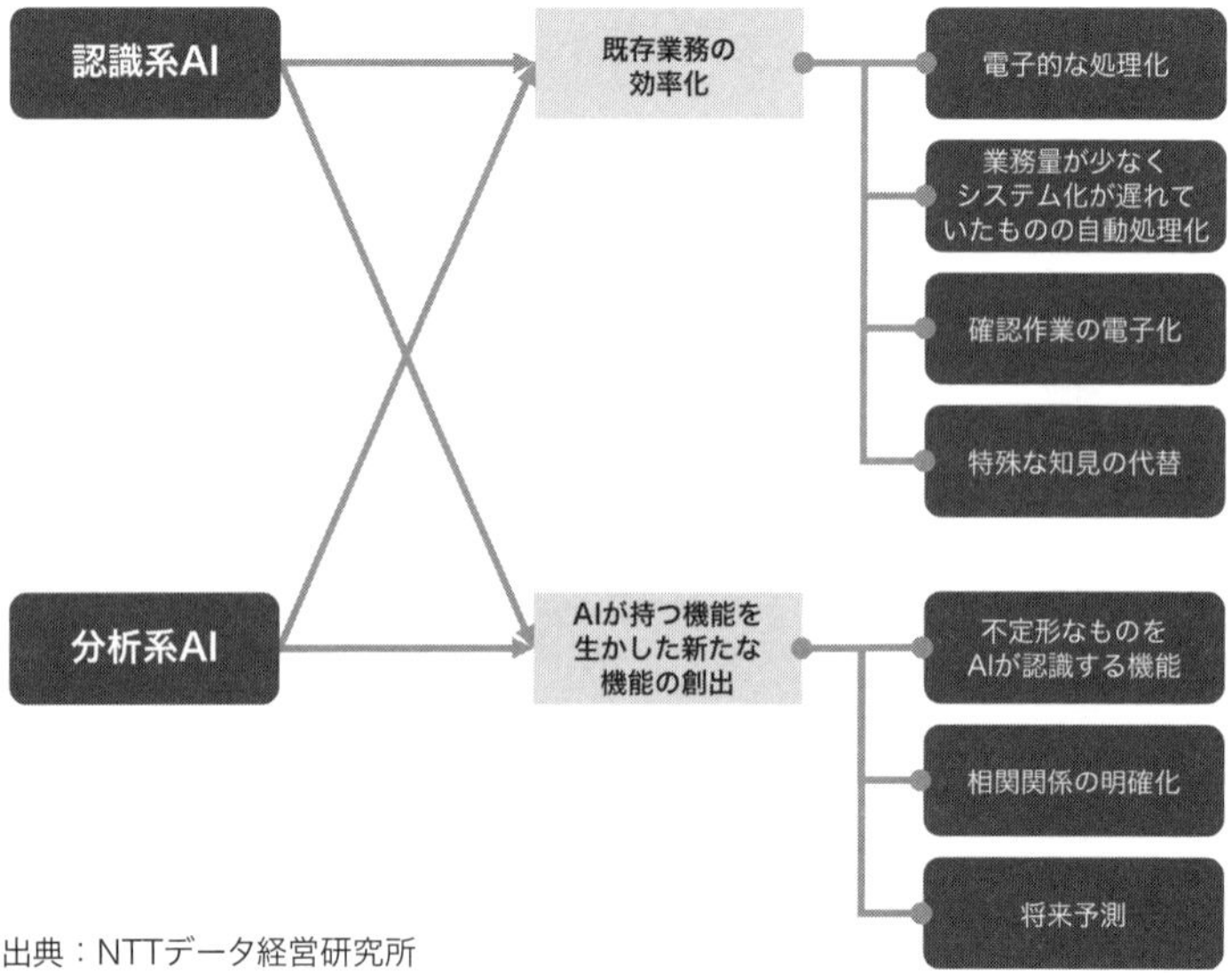

出典：NTTデータ経営研究所

1つ目は不定形なものを認識するAIの機能を生かし、具体的には画像や音声の認識と解析をAIが行うものである。

特に、人間が持っている特徴をAIが捉えて識別するようなことが考えられる。例としては、印鑑やサインで認証していたものを、AIを用いた生体認証技術が代替しながら新たなサービスを生み出していくといったことが考えられる。

2つ目は分析を行うAIで、大量のインプットデータの中から相関関係を明らかにするものであり、3つ目は、現状のデータから今後どのようになるのか推測するために用いるものである。

ＡＩを用いて相関関係を明らかにしていく中で、今まで行職員が気付いていなかったような関連性から、新たなビジネスチャンスが生まれるといったことが考えられる。例えば、金融商品を複数販売するクロスセリングを各金融機関が志向しているが、どのような特性を持つ方がどのような商品・サービスを欲するかなど、相関関係が明らかになることによって営業のターゲットが明確になっていくだろう。

また、大量のデータから将来予測を行うことにより、融資実行の際の信用リスク判断においても活用されることが想定される。

以上のような前提を踏まえて、今後ＡＩが金融機関の営業体制をどのように変えていくのかを詳細に見ていきたい。

ＡＩで金融機関の営業体制はこう変わる

（１）非対面チャネルでの活用

❶コールセンターでの活用

金融機関におけるＡＩの活用はコールセンターからはじまっている。

コールセンターでは、お客様からの各種お問い合わせに対して、迅速かつ的確に回答する必要があるものの、オペレーターがすべてを把握して対応することは困難である。よって各金融機関では、オペレーターが参照できるＦＡＱを整備しており、コールセンターの生産性向上は、オペレーターが電話先の用件を即座に判断し、適切なＦＡＱを探し出して回答することにかかっている。よって、ＦＡＱの検索精度向上を図る必要があるが、その向上のためにはかなりの手間がかかる。ここにＡＩを活用する余地がある。

図表３－３はコールセンターにおけるＡＩの活用例を図示したものである。はじめに、電話先とオペレーターとの間の会話をすべて録音してテキスト化する。テキスト化された

図表3-3　コールセンターにおけるAI活用例

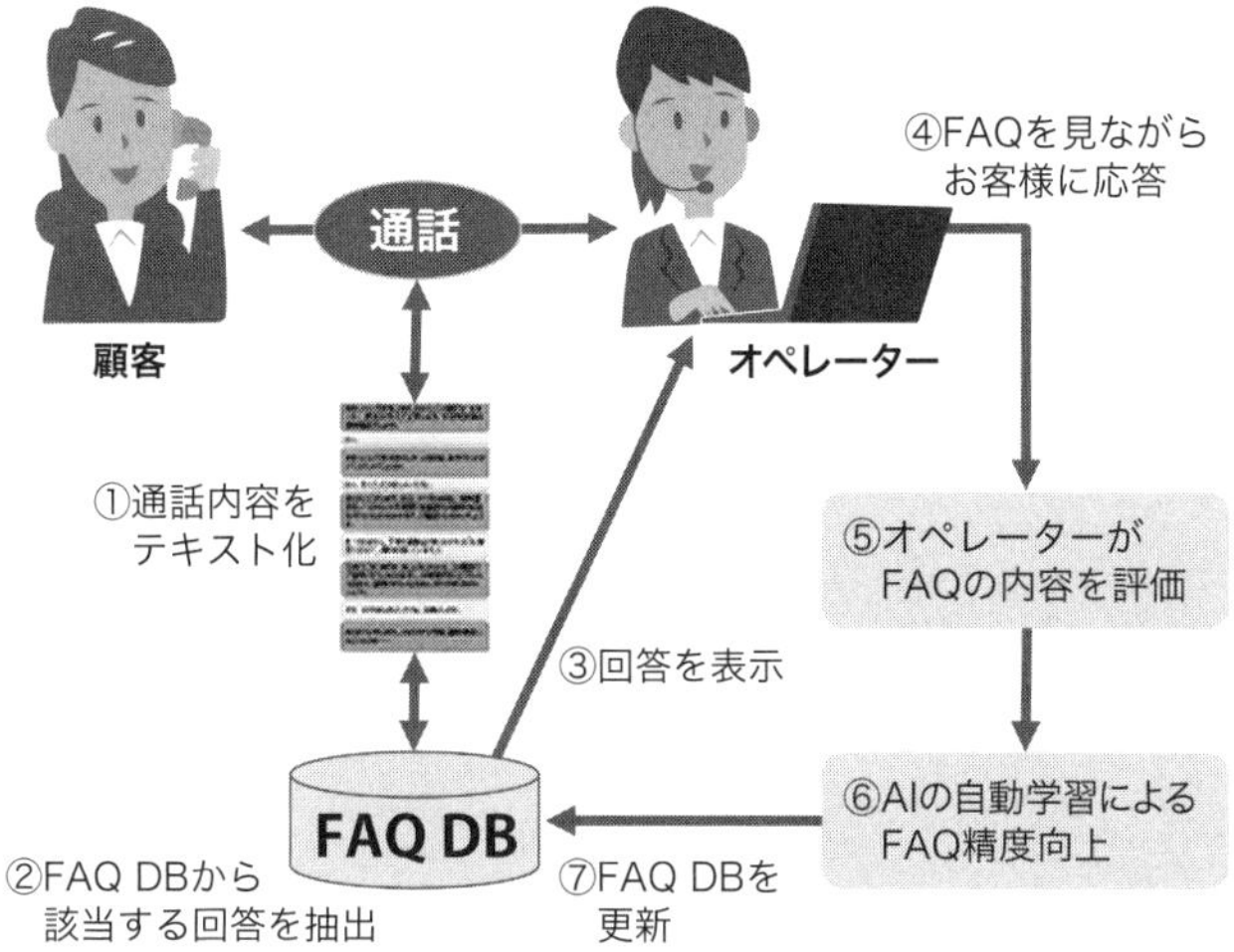

出典：NTTデータ経営研究所

文章からキーワードを抜き出し、ＦＡＱデータベース（ＤＢ）の中から該当しそうな回答を抽出してオペレーターのモニター画面に表示、オペレーターが回答する。

生産性向上には「該当しそうな回答」の抽出精度を高めることが肝である。よって、通話後にオペレーターがＦＡＱの内容を簡易に評価して、その回答結果をＡＩが自動学習によって分析し、ＦＡＱの精度向上を図ることが現在取り組まれている。

他業態ではすでに、各種問い合わせに対する回答だけでなく、解約・離脱の電話の際に、適切なトークスクリプトを用意することにＡＩが活用されつつあり、金融機関においても、投資信託や定期預金の解約などで、ＡＩがオペレーターをサポートするようになると考えられる。

行内での事務手続きに関する問い合わせにもＡＩの自動応答が

現状での顧客向けコールセンターにおけるＡＩ活用はＦＡＱの表示にとどまっているが、今後はどのような展開になっていくだろうか。

最終的には、ＡＩを用いた音声による自動応答にすべてなっていくだろうが、一足飛びにそこまで実現するのは難しいだろう。まずは、ＡＩを用いた自動オペレーターが、かかってきた電話の内容を解析し、「投資信託の現在の価額はいくらか」といった簡易な質問に対しては自動応答で回答し、それ以外のものは有人オペレーターにつなぐような使われ方になるのではないかと考えられる。

こうした顧客向けのコールセンターで活用される一方で、ＡＩは、事務手続きに関する行内での問い合わせ電話窓口にも導入されはじめている。

行内の事務手続きに対する問い合わせは、事務規定やマニュアルの解釈、または書かれていない事項に対する問い合わせが大半を占める。また、同時期に類似の質問が集中するのも特徴である。導入当初は、対顧客向けと同様にＦＡＱの表示を中心に導入されるものと考えられるが、このような状況を踏まえると、顧客向けコールセンターよりも先に、行内向け問い合わせ業務においてＡＩの自動応答が導入される可能性が高いと考えられる。

❷ＷＥＢサイトでの活用

ＷＥＢサイトでのＡＩ活用も、コールセンターでの活用と共に現在すでに始まっている。ＷＥＢサイト上ではテキストと音声の両面で対応が進んでいくものと考えられる。

テキストでの応答としては、第２章でも一部紹介した、「チャットボット」と呼ばれるリアルタイムにテキストを双方向でやり取りする仕組みが導入されつつある。チャットボットとは、「チャット」と「ボット」を組み合わせた造語で、「ボット」は「ロボット」の略語であり、人間に代わって一定のタスクや処理を自動化するためのプログラムのことである。つまり、チャットボットは、ＡＩを活用した「自動会話プログラム」ということになる。

金融機関では、ＷＥＢ上での相続手続きのご案内で利用され始めている。被相続人が亡くなった後、相続人である顧客は、金融資産を相続するために金融機関に申し出を行う。しかし、顧客は当然そうした手続きに不慣れであるため、各種問い合わせが多い。

相続手続きは、記載する書類や収集する公的書類が多く、かつ相続人・被相続人の置かれた状況によって条件分岐が複雑な業務である。また、顧客のお金にからむ業務であるため、クレームが発生しやすい業務でもある。一方で、業務が複雑なのは各種の条件（遺言書の有無や配偶者・子の有無等）が多いからであり、条件が明確になってしまえば回答が自動的にできるのも相続業務の特徴である。よって、対話形式で顧客の状況を確認できれば、適切にご案内をすることが可能になるのである。

このように、ある一定の枠内にはまった事項であればＡＩでの回答が可能であり、ほかにも住所変更や改姓のような諸届関連の問い合わせなどの定型業務で、チャットボットの適用領域は拡がっていくのではないかと考えられる。

チャットボットはＡＩが対応するが、ＡＩが対応できないことは人間による対応が必要である。チャットボット導入の際には、実際会話を行う際、顧客にわからないようにＡＩから人間にスムーズに移行できるようなソリューションや体制を整備することが、サービスレベルを向上させるためには重要である。

スマホに話しかけるとＡＩが回答

では、スマートフォン上ではどのような対応になるのだろうか。現状、ＷＥＢ画面としての使い方は前述のとおりであるが、今後音声を用いるようになると違った形になるものと考えられる。

音声を用いた場合は、スマートフォン上にすでに具備されているSiriやGoogle アシスタント、しゃべってコンシェルのような音声認識機能でお客様の要望を聞いたあと、アプリ上で画面遷移を行うことによって返答したり、音声で返答したりできるようになると考えられる。

例えば、金融機関のアプリを立ち上げて顧客がスマートフォンに話しかけると、ＡＴＭや店舗のロケーションから、投資信託の現在保有残高まで、ＡＩが調べて回答してくれるようになると考えられる。

❸ＡＴＭでの活用とＶＴＭへの進化

現状、ＡＴＭにおけるＡＩの活用事例はない。では今後、どのような可能性が考えられるだろうか。

現在でも、出金時に暗証番号と出金金額を押して出金されるまでの間やＡＴＭの操作後に、商品・サービスの広告がＡＴＭの画面に表示される金融機関は多い。しかし、大雑把な顧客セグメンテーションとキャンペーンの掛け合わせで表示しているため、実際の顧客ニーズとはかけ離れている場合が少なくない。今後は、ＡＩが各種のビッグデータを分析することにより、どの広告を表示させるか、個々の顧客ニーズを推測したうえで表示するようになるだろう。

一方で、諸外国の銀行ではビデオテラーマシン（ＶＴＭ）が導入されている。これは、ＡＴＭに電話機能が付き、遠隔地にいる行員のサポートを受けながら操作を行うセルフ型の端末である。ＶＴＭを導入することにより、金融機関の営業時間外にＡＴＭでは取り扱えないサービスや手続きを提供できるようになる。

また、端末にテレビ電話機能を備えており、オペレーターが画面越しに操作方法を案内するため、機器の操作が苦手な顧客も利用可能である。取扱商品・サービスとしては、住所変更のような諸届に加えて、住宅ローンを含む各種ローン手続き、および運用商品の相談・申込等にも利用されるであろう。

ＡＩでの応答と有人での応答を組み合わせたＶＴＭも

現状では、非対面ながらも人手に頼る仕組みであるため人件費削減効果は限定されているが、前述のようなコールセンターやＷＥＢでの利用が想定されるＡＩの仕組みを用いることにより、ＡＩでの応答と有人での応答を組み合わせた形のＶＴＭができるのではないかと考えられる。

ＶＴＭまではいかなくとも、音声のみでのサポートをＡＴＭに実装するだけでも効果は出るだろう。例えば、高齢の顧客などには操作が難しい振込手続についてアドバイスすることにより、顧客サービスの向上、ならびにＡＴＭの混雑緩和になるものと考えられる。

現在、ロビーに人型ロボットを配置して顧客を案内する取り組みが各行で行われているが、現在ロビーにいるスタッフの仕事のうち、かなりの割合を占めるのは、ＡＴＭが不慣れな顧客の介助である。人型ロボットがＡＴＭ操作者を介助する方向になるのか、ＡＴＭそのものがＡＩ対応をして操作者を介助するのか、どちらの方向になるのか興味深い。

❹更なる将来の非対面チャネル

ここまでは、現在までに想定されている非対面チャネルについてみてきたが、その先はどのようなことが起こりうるだろうか。

将来の非対面チャネルには、ＡＩだけではなく、オープンＡＰＩ、ＩｏＴなどが影響を与えると考えられる。

ＡＰＩ（Application Programming Interface）とは、一般に「あるアプリケーションの機能や管理するデータ等を他のアプリケーションから呼び出して利用するための接続仕様等」を指し、このうち、サードパーティ（他の企業等）からアクセス可能なＡＰＩが「オープンＡＰＩ」と呼ばれる。

２０17年に改正された銀行法の附則第11条では、改正銀行法施行から2年以内にオープンＡＰＩに係る体制を整備する努力義務が課せられている。よって、２０２０年までに銀行はオープンＡＰＩ対応を行うことになるだろう。

オープンＡＰＩ対応がなされると、金融機関外部の業者が金融機関のデータを取得・更新することが可能になる。このことが何を意味しているかというと、現状金融機関が提供しているインターネット・バンキングの機能が外部業者から提供されるようになるということである。

外部業者は、金融機関を特定せず、オープンＡＰＩ対応を行ったすべての金融機関の口座をアグリケーション*し、消費者にサービスを提供するようになるだろう。つまり、消費者にとっては、既存の金融機関が提供するインターネット・バンキングよりも利便性が高くなると考えられる。

ＡＩによる「未来の家計簿」の作成も

では、こうした外部業者がＡＩを利用したらどのようになるだろうか。

ネット上には様々な情報が流通している。その中には、消費者がどのような購買をしているかという情報も多い。これらのデータを収集してＡＩが分析することによって、将来消費者がどのような消費行動をするかを明らかにすることができる。このような状況になれば、ＡＩにより「未来の家計簿」を作成できるようになり、消費者としては、近い将来どれくらいのお金を使うのか、どれくらいお金が余りそうか、またはお金が足りなくなるのかを認識できるようになる。

そうなれば、外部業者としては資金の提供（ローン）をすることができる。逆に消費

＊アグリケーション
インターネット上で提供されている複数の銀行や証券会社などのオンラインサイトについて、アカウント情報をあらかじめ登録して、一度の認証だけで残高や振り込み履歴といった口座情報を一括して参照できるようにするサービス。

者は、資金に余裕ができるなら、「前払い」をネット上ですることを考えるようになるだろう。現在、ファッション通販のzozo townが「ツケ払い」サービスを提供しているが、その逆である。

消費者が前払いをしてくれるのであれば、企業側は消費者を事前に囲い込むことができ、かつ資金効率が上がる。一方、消費者側にとっては、例えば前払いをすることによってポイントが付与されるようなサービスが提供されれば、利便性の高いサービスになるだろう。

また、外部業者は消費者の持っている複数の金融機関の口座をアグリゲーションするだけでなく、消費者間の口座をアグリゲーションするようなサービスを提供するようになるだろう。例えば、夫婦の間で口座をアグリゲーションして生活費の管理を行ったり、施設に入居した親の資金を兄弟間で管理するようなことができるようになると考えられる。

外部業者のAI活用に、既存金融機関はどう対応するか

このように、外部業者が消費者にとって利便性の高いサービスを提供し始めたら、既存の金融機関はどのように対抗していくだろうか。一つの決め手は、金融機関の持つナレッジを消費者に提供することだろう。つまり、チャットボットや音声認識等のAIを用いて、金融機関側がこまめに消費者の相談に乗りながら金融サービスのセールスにつなげていくのである。

預金取扱機関は免許業であるため、独占的に預貯金を受け入れることができる。また、取扱商品も多く、どの業態よりも金融サービス提供の幅が広い。このメリットを生かして、「選択肢がありすぎて選択しれない消費者」を相手にOne to Oneで相談対応をしていくことに活路を見い出していけるのではないだろうか。

金融ＥＤＩが採用され、ＩｏＴが進展する中でのＡＩ

一方、法人向けのサービスはどのようになるだろうか。法人領域での大きな動きに、金融ＥＤＩの採用がある。これは、２０１８年までに、企業間の銀行送金電文に国際標準であるＸＭＬ電文を採用して、銀行の送金電文に商流情報の添付を可能とするものである。図表３－４は金融ＥＤＩの概念図である。現状の送金で送っている情報は、「銀行コード」「店番号」「科目」「口座番号」「金額」であり、それ以外の項目、例えば企業側が自ら業務に使っているような番号を用いて送金することはできない。そのため、入金側企業では、どの請求書に対して入金が行われたかがわからず、売掛金消し込みに多大な労力がかかっている。

金融ＥＤＩでは、送金の電文フォーマットに企業側が指定した番号（図表では「請求書番号」）を付記することが可能になる。よって、入金側企業における売掛金消し込み業務の自動化が図れる（⑬）見込みである。

図表３-４　企業の受発注プロセスと金融EDI

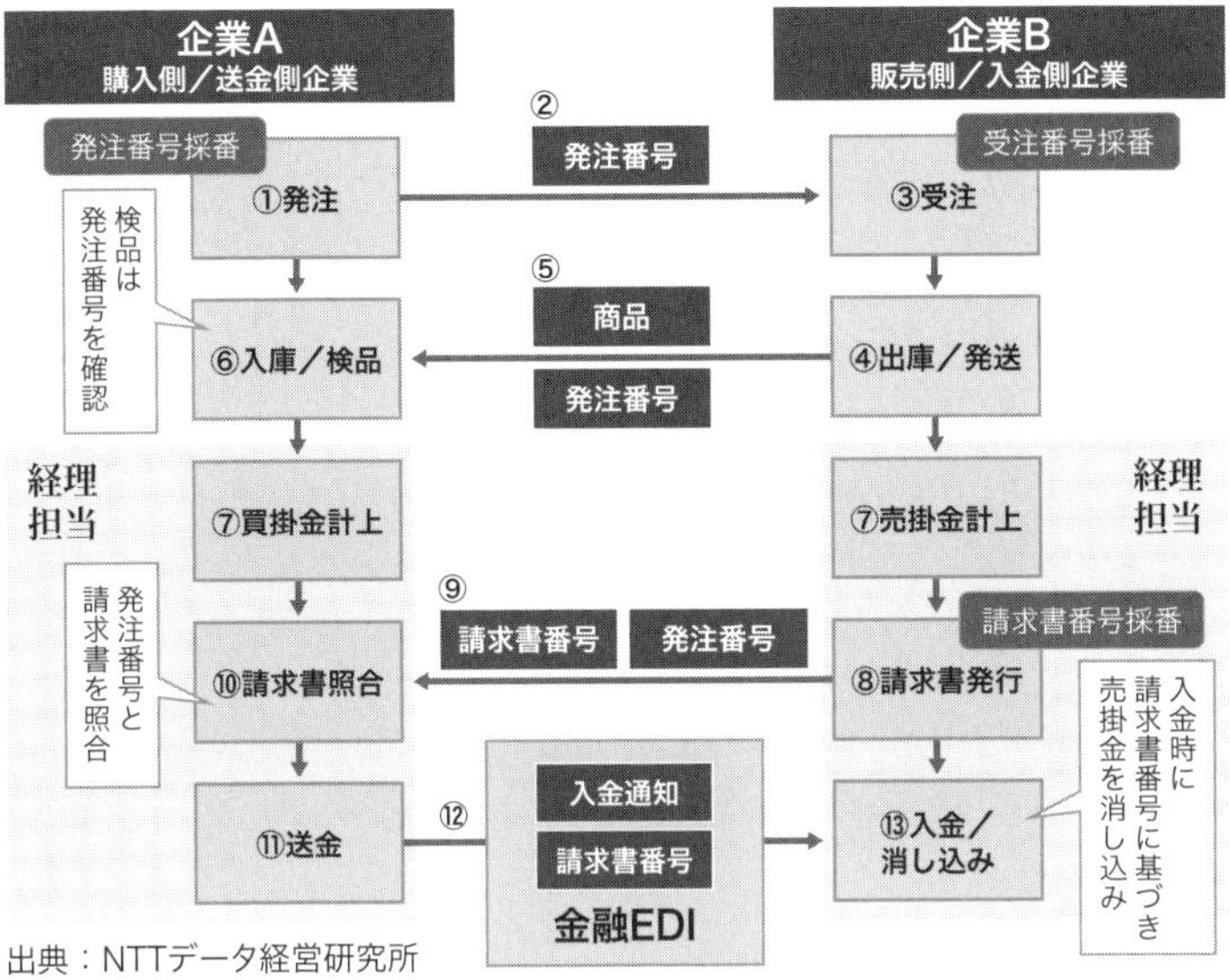

出典：NTTデータ経営研究所

加えてＩｏＴの進展により、発注した商品にＩＣタグが付けられるようになると、入庫／検品作業（⑥）が合理化され、買掛金計上（⑦）を早期に効率的に行うことができるようになる。経理担当は売掛金と買掛金の状況を見ながら資金繰りを考えているが、大量に発生する売掛金と買掛金をＡＩが解析することにより、企業の資金効率は格段に向上するだろう。

資金効率が向上するということは、それにより金融機関が貸し付けている運転資金に対するニーズが減少したり、流動性預貯金の滞留が少なくなる可能性があるわけで、そうした点は金融機関にとってマイナスとなる面もありそうだ。

一方で、現状では請求書発行（⑧）や入金／消し込み（⑬）作業の効率化のために、複数の発注をまとめて請求が行われてきた。例えば、企業Aからの月中の受注をまとめて月末で締めて、翌月10日に請求書を発行して、20日に入金を求めるというような業務プロセスである。

しかし、将来的にはＩｏＴの進展や金融ＥＤＩの導入といった電子化により経理業務が効率化・自動化されて、受注単位で請求書を発行するようになることも考えられる。つまり、商品を送付するごとに、月中、複数回請求を行うということである。よって、振込の件数自体は増加する可能性が高い。

他方で、特に中小零細企業における業務のＩＴ化は遅れている。よって、金融機関が取引先のＩＴ化を促しながら、状況によってはソリューションを提供し、新たな非対面チャネルに誘導していくことも可能であろう。

（2）対面チャネルでの活用

❶来店客への対応

現状では、顧客が来店した際、受付番号発券機から受付番号を引いて、窓口で通帳等を渡すまで、どなたが来店されたのか、顔見知りの客以外は金融機関側ではわからない。このような顧客の動線上にＡＩを適用すると、何ができるだろうか。

金融機関の店舗には防犯カメラが多数あり、死角はほとんどない状況にある。一方で、ＡＩの顔認証技術は現在高度化しており、顔認証決済の実証実験が行われているほど、その精度は高くなっている。よって、顧客が一歩店の中に足を踏み入れた時点で、どの顧客が来店したのか、ＡＩを用いた顔認証システムを通じて判別することが可能になるだろう。

つまり、店舗内ＡＴＭコーナーに来店した顧客を即座に認識し、例えば優良な顧客の来店を即座に行職員に通知したり、ロビー内にいる人型ロボットに連携することにより、対面サービスにつなげていくことが可能になるのではないかと考えられるわけだ。

ＡＩ搭載の人型ロボットが来店客を振り分け

また、来店した顧客をカメラが把握して、来店客数や在店時間を認識し、かつ金融機関の基幹系システムのデータと突合することにより、どの業務で何人来店して、どれくらい所要時間がかかったのか分析が可能になる。

カメラの顔認証は、店内の他の場面でも利用できる。例えば、認証機能は貸金庫の開閉にも応用できるし、カメラが行職員の動線を把握して、行職員がどの作業にどれくらいの時間を割いているのかを把握することも可能だ。

他方で、個人が特定された画像は個人情報に該当するので、適切な取り扱いが必要になることは言うまでもない。

また、店頭には、ロビースタッフに代えてＡＩを搭載した人型ロボットが配置されるだろう。現状では試行段階であるものの、ロボットは、音声認識により顧客の要望を伺い、適切な返答をするようになると考えられる。

このロボットはまず、来店客をはじめの段階で振り分けるといった業務をこなすことになるだろう。外国人の来店についても、ＡＩが多言語対応することになり、人型ロボットが活躍するようになると考えられる。

ＡＩにより高度化するデジタルサイネージ

金融機関の中には、デジタルサイネージを導入しているところが多い。デジタルサイネージとは、ディスプレイ上に宣伝・広告を表示させるものである。現状では、金融機関が販売したい商品・サービスのパンフレット的なものを表示するといった使われ方が大半を占めている。

他業態に導入されているデジタルサイネージには、顔認識や音声認識が付いており、顧客属性に応じてディスプレイ上に表示させる広告を変える仕組みを具備しているものも出

図表３-５　金融機関で「投資信託」もしくは「国債・地方債」を購入した理由（単位：％）

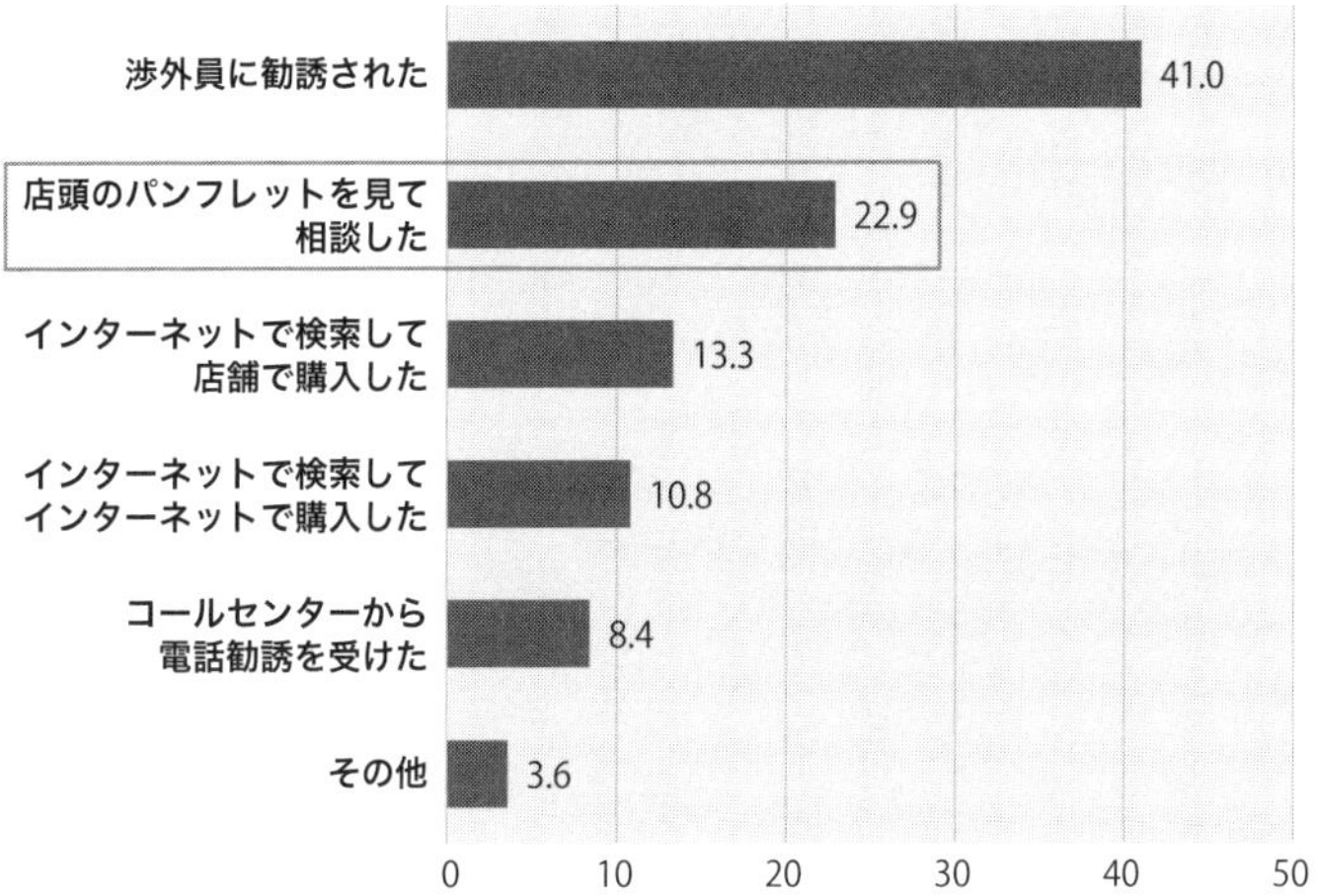

出典：NTTデータ経営研究所調査（2016）

始めている。このような他業態での事例を踏まえながら、店舗に設置されたデジタルサイネージが高度化されていくだろう。

金融機関では預かり資産営業を強化しているが、顧客はどのようなことを契機にして商品を購入しているのだろうか。図表３－５は顧客が投資信託または国債・地方債を預金取扱金融機関で購入した理由である。トップは渉外員からの勧誘であるが、第２位には、店頭のパンフレットを見たからという理由が出てきている。このようなパンフレットは大概がＡＴＭコーナーに置かれている。よって、ＡＴＭコーナーにおける宣伝・広告は想像以上に重要であり、ＡＩを搭載したデジタルサイネージの有効活用も図られるべきではないかと考えられる。

いつの日か、キャッシュレス社会が進み、ＡＴＭコーナーすらコスト的に維持できない日が来るかもしれない。それまでの間は、ＡＴＭコーナーを営業の拠点として、有効に活用することが求められていると言えるだろう。

❷伝票の起票と窓口対応

金融機関の業務において、業務の電子化・自動化と認証手段の電子化は切り離せない関係にある。ＡＩの導入と共に、認証手段の高度化が窓口業務の高度化の原動力になると考えられる。

現状、金融機関の窓口では、紙の伝票や帳票に印鑑を押印またはサインをすることによって、顧客の承諾を得たという形式要件を整えて業務処理を行っている。一部の金融機関では、窓口にキャッシュカードリーダーと暗証番号入力用のピンパッドを設置して、カード＋暗証番号で認証を行っていたり、利用率は低いものの、指の静脈を用いた認証手段も導入されている。

今後は、預貯金口座にマイナンバーが付番されるようになっていくだろう。その際は、マイナンバーと口座番号が連携したり、マイナンバーでの認証と既存の各種電子的な認証手段が連携されたりして、顧客は自分の好きな電子的な手段で認証を行うようになると思われる。

現在、店頭でのペーパーレス化を阻害している印鑑やサインが電子的な認証手段に代替されると、窓口対応そのものがデジタルなものに変わっていくだろう。

ロボットで対応できないものだけ有人窓口で対応

将来、窓口そのものがロボットになることも想定される。簡単な業務であればＡＩを搭載したロボットですでに対応が可能になっている。また、ロボットであれば複数人数を相手にできるので、人間が対応するよりも効率的な顧客対応ができる可能性がある。

現在、家庭用のスマートスピーカーの販売が開始され、ＡＩアシスタント機能が活用されているが、金融機関の窓口でも同様に、ＡＩスピーカーが搭載されたコンシェルジュ型ロボットによって対応することになるだろう。さらに、将来的には一歩進んで、コンシェルジュ型ロボットが顧客の顔認証や声認証を行うことにより、印鑑レス・カードレス・媒体レスの生体認証を行うようになるものと考えられる。

金融機関に来店した顧客は伝票を記載することになるが、現状では伝票についても、タブレットなどで入力する形が広まってきている。しかし、高齢の方を中心に機器の操作に不慣れな方も多い。今後は、ロビー内にいるコンシェルジェ型ロボットに話しかけるだけで、搭載されたＡＩが内容を判別して、画面上に伝票データが出力され、顧客に確認してもらう形になると予想される。

現在伝票に記載している内容のうち、日付は情報システムが保持しているものをそのまま使い、顧客の口座番号などのデータは、顔認証を行うことによりＣＩＦ＊番号を特定して記載し、引出金額などは音声認識技術によって取得する。このように、コンシェルジェ型ロボットが来店された顧客の初期対応を行い、どうしてもロボットで対応できない金銭の授受などを有人窓口で対応するようになると考えられる。

図表3-6　認証手段高度化の道程

ステップ1 紙上での認証	◎紙の上で印鑑の押印やサインの記載を行うことにより認証を行う
ステップ2 電子機器を用いた認証	◎キャッシュカード／クレジットカード＋暗証番号を用いることによる認証 ◎ATMやカードリーダー+ピンパッドを用いる
ステップ3 媒体レス認証	◎生体認証が導入され、媒体レスで認証される ・指の静脈認証 ・顔認証 ・声紋認証
ステップ4 認証手段の連携・統合	◎認証手段が連携・統合される ◎連携・統合の方向性は2パターンある ①マイナンバー導入を契機として、各種認証手段が連携される ②各金融機関の持つ認証情報が連携されて、業界横断で利用できるようになる

出典：NTTデータ経営研究所

＊CIF
Customers' Information Files。口座番号や名前、住所などが登録された顧客情報ファイル。

❸相談窓口

金融機関の窓口では、ＡＩとは関係なく電子化が進み、諸届などは電子化されるだろう。よって、窓口からは諸届対応などの業務がセルフ化によってなくなり、住宅ローンや年金、投資信託に生命保険といった、営業に時間がかかる相談業務が窓口業務の中心になっていく。

一方で、現在の相談業務には以下のような問題が発生している。

・コンプライアンス上の問題を起因として、営業するための説明時間がかなりかかる
・顧客との折衝履歴を残す必要があり、セールスをすればするほど、折衝履歴をシステム上に入力する手間がかかる
・入力された折衝履歴を本部行職員等が確認して、適切な案内がなされているか、ＮＧワードなどの不適切な会話がないかチェックしているが、これに手間がかかる

このような中でＡＩはどのような役割を果たすだろうか。

将来的には、相談窓口には「インテリジェントマイク＊」が設置され、顧客と行職員の声を拾うようになると考えられている。

インテリジェントマイクで集音すれば、あとは会話の内容に従って、コールセンターの場合と同様にＦＡＱを表示したり、解約防止のトークスクリプトを表示したりと、ＡＩを

＊インテリジェントマイク
騒音の大きい場所でも人間の声を拾える機能を持った高機能マイク。

利用した業務サポートが受けられる。

ただし、コールセンターの場合とは異なり、顧客が面前にいる場合には、常にキーボード操作を行うわけにはいかない。このような際に、ＡＩが会話の流れを理解して、行職員用のディスプレイに、例えば顧客の志向に合わせた商品案内や、過去の面談履歴からＮＧだった商品の表示など、営業を行う際に必要な情報を場面に応じて表示するようになるだろう。

金融機関の営業店は、機器の音がしたり、環境音楽が流されていたりと、意外に音が多い。インテリジェントマイクは、工場内や電車通過中のガード下など１００dBの騒音下で高品質な通話や高精度な音声認識を可能とするためのマイクであり、金融機関の店内で人の声だけ集音することは容易である。

コンプライアンス・チェックもＡＩで

また、現状では、できる営業マンほど後続の営業事務の負担がのしかかり、顧客と折衝する時間の妨げになっている。その改善策として、顧客が退店したあと、ＡＩが自動で顧客と行職員との間の会話内容の要約を行い、行職員が要約結果を画面上で確認をした上でＣＲＭに情報をアップロードすることにより、営業に付随した業務が簡便になることが考えられる。

図表3-7　AIを用いた面談記録の電子作成とコンプライアンス・チェック

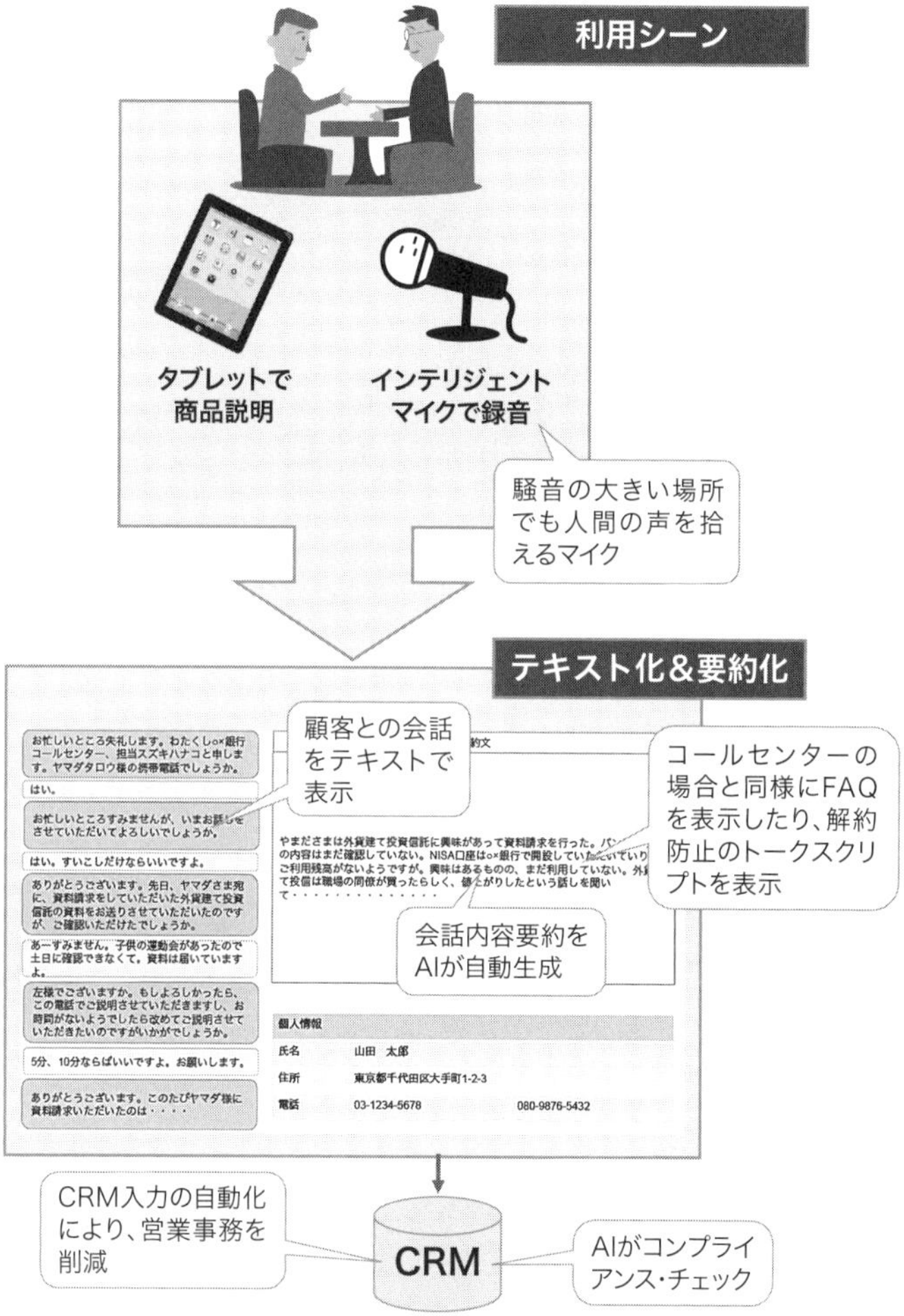

出典：NTTデータ経営研究所

預かり資産営業においては、コンプライアンスの重視も重要である。セールスの現場では顧客に対して適切なご案内をすることが最も重要であるが、適切に行ったか否かをチェックすることもまた欠かせない。現状では、営業マンがＣＲＭ上に記載した面談記録を、本部を中心とした他部署の人員がチェックすることが多い。この作業も金融機関にとっては負担になっている。

この点についても、自動作成された面談記録の内容を、事後にＡＩが解読してコンプライアンス・チェックを行うことは容易である。また、営業の最中、トークのクロージングを行っている時点で、説明漏れがあればアラートを上げるなどの仕組みも実装することができるだろう。

このように、ＡＩを用いることによって、営業店の現場や本部の負荷軽減を行うだけでなく、業務そのものの高度化も行うことができる。ＡＩの進化によって業務サポートは充実し、現場の負荷は劇的に減少していくだろう。

では、このような中で、人に求められることは何だろうか。たとえＩＴやＡＩが進化したとしても、人の心を動かすのはやはり人である。顧客の立場に寄り添った相談対応を行い、最後の一押しをして成約に持ち込むのは、個々の行職員の力量である。

❹チャネルの今後

　ここまで見てきたように、AIの進化は対面・非対面両方のチャネルの進化を促すことになる。一方で、非対面チャネルの進化による来店客数の減少や、マイナス金利下での収益確保難を背景に、有人店舗の削減や省力化が求められている。このような中で現在あるチャネルはどのようになっていくだろうか。

　次ページの図表3－8は、想定される今後のチャネルパターンを記載している。すべての金融機関がすべての形態を採用するわけではなく、事業規模や立地マーケットに応じて取捨選択しながら展開していくことになるだろう。

　現在の有人店舗は5つの形態に分化していくものと考えられる。一つ目は「銀証連携・フルバンキング型店舗」である。これは現在のフルバンキング店舗（預金・為替・融資・外為・金融商品販売といったすべての業務に対応している店舗）の機能に加えて、証券窓口や信託代理店機能を強化することにより、預かり資産営業を強化する店舗である。

　この形態の店舗は、来店客数の多い店を中心に、前向きな営業展開をするための拠点として位置づけられる。しかし、設置数は限定されたものとなるだろう。後述するが、預かり資産営業についてもAIがサポートを行い、効率化・高度化されるのは言うまでもない。

　二つ目は「地域中核店舗」である。その名のとおり、各市の中核や、郊外エリアの中心

図表3-8　今後のチャネル形態

分類	チャネル	定義	立地条件
営業店チャネル	銀証連携・フルバンキング型店舗	・従来からある銀行店舗の機能に加えて、証券窓口や信託代理店機能を付加し、サービスラインナップを充実	・中心市街地店舗 ・ターミナル駅前店舗
	地域中核店舗	・現在のフルバンキング店舗 ・AIを用いて業務効率化 ・VTM（ビデオATM）を導入して個人向け業務の効率化を図るとともに、相談ブースを充実	・各市の中核に位置する店舗 ・都市部郊外の中心店舗
	個人特化型店舗	・個人に特化して、極力セルフ型端末を導入 ・ごく少数の人員が配置された店舗	・中心エリアから外れた店舗
	相談特化型店舗	・個人向けの相談（投資信託、保険、住宅ローン）に特化した機能	・商業施設内の店舗
	無人化店舗	・ATMとVTMのみ設置された店舗	・郡部、中山間地域
営業店外の有人チャネル	移動店舗車	・店舗のないエリアへの導入や職域への巡回等に利用	・既存店舗のないエリア ・営業店を廃止したエリア
	郵便局への委託	・店舗を維持できない場所で、郵便局に委託する場合	・郡部、中山間地域
	他業態（小売店）等	・キャッシュアウトサービスの導入 ・VTMの設置	・全エリア
非対面チャネル	ATM	・相談業務への送客に向けた誘導機能の追加	
	ビデオテラーマシン（VTM）	・諸届等窓口業務の代替・相談業務の実施	
	インターネットバンキング／スマートフォンアプリ	・現在の機能に加えて、顧客のニーズ喚起をする営業チャネルとして位置づける	
	コールセンター	・顧客からの受電と共に、行職員が電話するアウトバウンドのセールスを実施	

出典：NTTデータ経営研究所

に位置する店舗で、現在のフルバンキング店舗である。取扱業務内容は旧来から変わらないものの、ＡＩを用いて業務効率化がなされる。また、ＶＴＭのような非対面チャネルを具備することによって、個人向け業務の効率化を図ることが考えられる。

現実的にはこのタイプの店舗の数が最も多くなると思われるが、各金融機関のＡＩ化、ＩＴ化、電子化の度合いに応じて、どこまでコスト削減がなされた店舗が出来上がるか、差が生じることになるだろう。

三つ目は「個人特化型店舗」である。個人特化型店舗は現状でも存在するが、このパターンの店舗は有人であるものの最もドラスティックに人員削減がなされるものと考えられる。個人向け業務は相談業務を除けばほぼ無人にできる状況に近づいてきている。ＶＴＭのようなセルフ型機器を設置して、顧客のセルフ操作を主体にすることにより、行職員の配置を最小限に抑えることは可能である。また、このパターンでの出店は、店舗の建て替えのタイミングで省スペース化と共に実行に移すことにより、更なるコスト削減が図れるものと考えられる。

四つ目は「相談特化型店舗」である。これも個人向けの店舗で、投資信託や生命保険、住宅ローンの相談に特化した店舗である。現在でも「住宅ローンプラザ」というような名前で展開している金融機関もあるが、より総合的な相談窓口として機能するようになるだろう。

当然相談のバックアップはＡＩが行う。一方で、現金の取扱いは行わない。よって、金庫も不要となり、格安な費用で出店・退店することができる。このような店舗は、商業店舗のように、時間に余裕のある方が訪れる場所に設置されるだろう。また、出退店費用が安価に抑えられるため、採算や自行のチャネル戦略に応じて、出店・退店を頻繁に行うことができるようになることも特徴である。

最後のパターンは「無人化店舗」である。これはＡＴＭとＶＴＭのみ設置された店舗で、顧客が対面で用件をこなす必要があれば、ＶＴＭの画面越しに行う。現在の店舗外ＡＴＭコーナーにＶＴＭを設置するだけで出来上がるので、コスト的には格安にできる。

将来は、Ａ行とＢ行が合併して店舗統合を行う際、Ａ行の有人店舗を近隣にあるＢ行の店舗外ＡＴＭコーナーに移設して無人店舗化する、というようなドラスティックな展開も発生するだろう。

郵便局へのＶＴＭ設置で対面サービスを提供することも

一方で、営業店外のチャネルはどのようになっていくだろうか。

近年、地域金融機関では移動店舗車の導入が進んでいる。従来は車に搭載する機器類が大きく、大型車両が必要であったため、車輌費用と大型免許保有者の不足により展開がなかなか進まなかった。しかし、ＡＴＭをはじめとした機器の小型化により、移動店舗車のコストが下がってきたため、近年普及してきている。

無人化店舗でもコスト倒れになるような場所に金融サービスを提供するために、週に1回か2回、移動店舗車を巡回させるという方法が今後も増えていくだろう。

郵政民営化の議論の中で、郵便局の活用が議論されてきた。10年以上議論をしてきているものの、他の金融機関が郵便局を活用する有意な事例はあまりない。一方で、全国に2万4000超の郵便局網は国民の財産である。郵便局にはゆうちょ銀行のATMしか設置できないわけではないので、他行のATMを設置することも可能であろう。また、VTMの設置も可能になると考えられる。

店舗を廃止して、郵便局に設置したVTMが代替して対面サービスを提供、どうしても預かり物件が発生する場合は郵便局の窓口で預かってもらう、といったようなモデルが想定できる。

他業態、特に小売店舗の活用には、今後動きが生じるものと考えられる。一つはデビットカードを利用したキャッシュアウトサービスである。2017年4月に施行された銀行法施行規則改正に伴い、小売店舗におけるキャッシュアウトサービスが解禁されている。

具体的な仕組みは、例えば小売店舗で1万円の買い物をした顧客が、別途5000円の現金が必要だという場合、小売店舗側では1万5000円の決済金額を端末に入力して預貯金口座から引き落とし、5000円をレジから現金を出して顧客に渡すというものである。

この仕組みを導入することにより、今までＡＴＭを設置するとコスト倒れになる場所をカバーしたり、現状で不採算なＡＴＭを代替することができるようになる。

二つ目の可能性は、小売店舗におけるＶＴＭの設置である。例えば、スーパーやドラッグストアなど、集客力のある店舗にＶＴＭを設置すれば安価にチャネル展開ができるだろう。仮に、流通系銀行がグループ内の小売店舗で全面的にＶＴＭを設置し始めたら、特に地方においては既存の地域金融機関の個人向け金融サービスに大きな影響を与えることになると思われる。

このように、現在画一的な金融機関の店舗は、投資余力と展開するマーケットの状況に応じて、多彩な種類のチャネルを組み合わせるようになっていくものと考えられる。また、このようなチャネル展開を実現させるためにも、金融機関は自らの業務に対し、早急にＡＩを取り込んでいくことが必要になる。

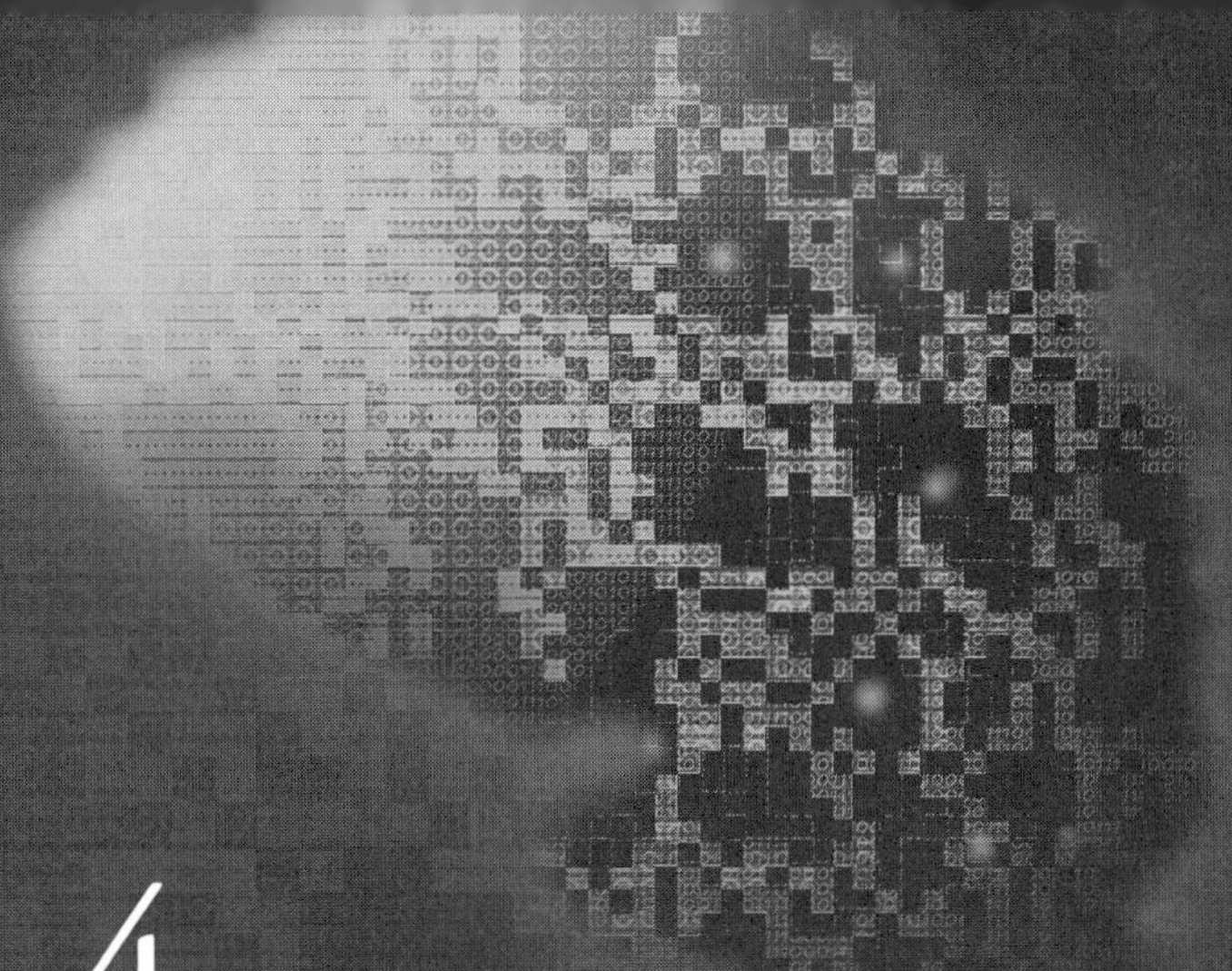

第4章

AIで金融機関の業務はこう変わる

Artificial Intelligence on Financial Institutions

法人向け融資におけるＡＩの活用

法人向け融資を取り巻く環境変化

大手金融機関における法人向け融資は、基本的には規模の大きな企業への融資が中心となる。しかしながら、業態別の預貸率推移（図表４－１）を見ると、２０１７年9月時点の預貸率は、地方銀行で73・7％、第二地方銀行で75・1％である一方、都市銀行では52・1％となり、特に大手金融機関で預貸率が50％を割り込む勢いで低下していることがわかる。

この背景には、大手金融機関の主要顧客である大企業の業績が比較的良好で、ある程度の手元資金を有し、資金需要が低下していることがあるといわれている。今後もこのような状況が続くか否かは不明だが、大企業向けの融資のみに注力していては預貸率の改善が難しいことは確かだろう。

個人向けマーケティングの分野においては、銀行が保有している顧客データを分析することにより、適切な人に適切なタイミング・チャネルで適切な商品・サービスのレコメン

図表4-1　金融機関の業態別預貸率の推移

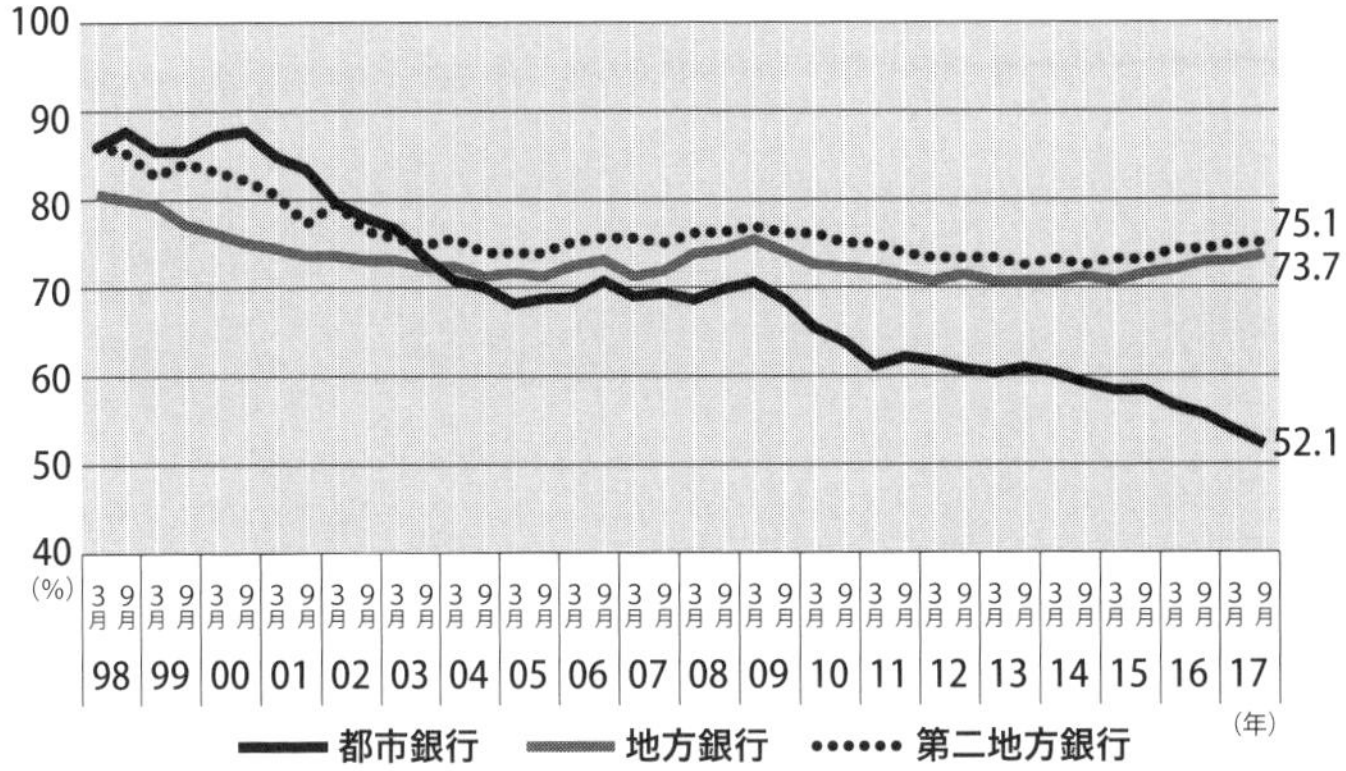

出典：中小企業庁2017年版「中小企業白書」、一般社団法人全国銀行協会「全国銀行預金貸出金速報」からNTTデータ経営研究所作成

ドを行う、いわゆるイベント・ベースド・マーケティング（以下、ＥＢＭという）が志向され、取り組みが進められている。

ＥＢＭへの注力が進む背景には、少数の優良顧客である富裕層のみをターゲットとするのではなく、多数の顧客が存在するマス層からいかに収益を確保するかという課題認識が存在している。法人向け融資においても同様の論理が当てはまると言え、預貸率改善に向け、大手金融機関が中小零細企業向け融資の強化を図る可能性は高いといえる。

しかしながら、現時点においては、事務コストの観点からも大手金融機関が中小零細企業向けの融資を積極的に推進することは困難だ。慢性的な人手不足に悩む金融機関にとって、貸付単価の低い中小零細企業融資にこれまで以上の人手・稼動を割くのは現実的とは言えないだろう。

また、中小零細企業からみても、銀行以外からの資金調達手段が増加しており、銀行から融資を受ける必然性は低下している。アマゾンが提供するAmazonレンディングや、楽天が提供する楽天スーパービジネスローンなど、ＥＣ業界においては、日本でもいわゆるトランザクションレンディング*が一般的になりつつある。

また最近では、リクルートホールディングスとその子会社であるリクルートファイナンスパートナーズが中小企業向けのオンライン完結型融資事業*の展開を進めており、宿泊施設の事業主向けに先行してサービス提供が開始されている。

さらに米国に目を向けると、中小企業向け融資を行うフィンテック企業が勢いを見せている。現在急成長を遂げているFundbox社では、会計システムとの連携により未払いの請求書残高に応じた融資を実行しており、オンライン上で手続きが完結するなど非常に利便性が高いサービスを提供している。２０１６年1月には、ＳＢＩホールディングスが同社への出資を実施しており、今後の日本市場への進出も予想される。

こうした動きを踏まえれば、今後、銀行をはじめとした既存金融機関が中小零細企業向けの融資に注力する際には、これまでとは異なる競合相手との厳しい競争環境の中で取り組みを進めることとなるだろう。

＊トランザクションレンディング
企業における日々の決済データや顧客評価等の取引履歴をもとに審査し、融資を実行するサービス。

＊オンライン完結型融資事業
融資の申込から審査、入金までのプロセスがオンライン上で完結する融資サービス。

中小零細企業向け融資におけるＡＩ活用の意義

中小零細企業の場合、財務状況や事業計画等の信憑性・説明力に乏しい場合が多く、信用保証協会等の保証付き案件でなければ金融機関として融資判断が難しい。また、中小零細企業側からしても、健全な財務状態であるにも関わらず、手続きの手間や謝絶の可能性を考慮して銀行に対して融資申し込みに至らないケースがあると想定される。

今後、銀行をはじめとした既存金融機関が貸出残高を積み上げていくにあたっては、いかに優良な貸付先をピックアップし、効率的なセールスを行うか、また、行員がより付加価値の高い活動に注力するために、いかに定型的な業務を効率化・自動化するかが鍵となるであろう。そして、これらの高度化・効率化・自動化を実現するうえで重要な技術がＡＩなのである。

❶営業スキルの向上に向けたＡＩ活用

法人向け融資の分野においてＡＩの適用余地が大きいのが、担当者の経験やスキルによって生産性が大きく左右される業務である。例えば、営業部門におけるセールス活動がその一つだ。

みずほ銀行においては、営業部門のセールス力向上に向け、ＡＩを用いた実証実験を実施している。この取り組みは、ＰＣ操作時間、メール送受信回数、出社・退社時間、顧客への訪問回数など行員の行動を表す履歴データと、若手とベテラン行員の比率、社内資格の取得数など組織の属性データ、名札型ウェアラブルセンサー*を着用して取得した行動データをＡＩで分析し、融資金額や新規契約獲得数といった営業部門におけるＫＰＩ（Key Performance Indicator）と相関性の強い要素を抽出することで、業務効率を阻害する要因を抽出し、業務改善策につなげるというものである。

❷融資稟議の効率化・自動化に向けたAI活用

また、特に中小零細企業への融資実行件数を増やす際のボトルネックとなるのが、融資稟議業務であろう。融資稟議プロセスは融資金額の多寡に関わらず発生するため、融資実行件数が多い場合にはそれだけ業務負荷が増大することになる。また、稟議書や付属する意見書の作成能力や、決算書を読み解く分析力などのスキルが属人化しやすいため、個人間で生産性の差が大きく、特に若手行員における手戻りが発生しやすいといった課題が存在する。

手戻りが発生しないよう慎重に業務を遂行しようとしても、日々の業務に忙殺されてい

＊名札型ウェアラブルセンサー
社員証のように首から掛けるタイプのウェアラブルセンサーで、装着した人物がいつ誰と対面したかといったデータや、滞在した場所・時間等の各種行動データを測定することが可能。

る担当行員が分厚い融資関連のマニュアルを完全に把握して稟議を進めることも現実的ではない。いかに効率的に手続きを進められるかは、行員の経験による部分が大きいのが現状だ。

例えば意見書作成業務については、過去の類似する案件の意見書をＡＩによって抽出し、若手行員でも適切な内容の記載が可能となるようなソリューションが期待される。

また、稟議時の様々な疑問を迅速に解決するための行内ＦＡＱにＡＩ技術を活用することも考えられる。

ゆうちょ銀行が、郵便局の窓口スタッフ向けのコールセンター業務にＡＩを活用したソリューションを導入する予定である等、融資稟議以外の分野ではすでに行内ＦＡＱへのＡＩ適用が進んでいることからも、融資稟議の分野においても同様の取り組みが広がる可能性がある。

❸与信の高度化・迅速化に向けたＡＩ活用

ＡＩの融資業務への適用という観点で真っ先にイメージされるのが、与信モデルへの応用である。実際、国内外において、法人・個人含め、与信モデルへのＡＩ応用事例が出始めている。

例えば横浜銀行やジャパンネット銀行では、クラウド会計システム等と連携した企業向け融資の取り組みを進めている。これらは、企業の入出金データなどをＡＩが分析することによって即座に信用力を判定、それにより迅速な融資を実現するものである。

与信という行為を、精度の高い確率を推定するものと考えると、大量のデータが存在するとの前提であればＡＩ技術との親和性は非常に高いといえる。しかしながら、現在の金融機関における法人向けの与信判断には、今後の取引を見越した〝政治的な判断〟や社会的レピュテーション等も含めた総合的な視点が求められることもあり、ＡＩによる与信判断の結果が必ずしも金融機関が求めるものと一致するとは言えないケースもあるだろう。また、与信判断の結果を行内外で適切に説明する必要もあり、ＡＩによる与信判断過程が外部に説明できるものにならなければ実務に耐えることは難しいかもしれない。

その意味では、仮にＡＩによる与信行為が既存金融機関において広まったとしても、ＡＩによる与信判断結果はあくまで審査時の参考情報の一部としての使われ方がなされ、現在の審査行為に完全に取って替わる可能性は低いかもしれない。

逆に言えば、〝政治的な判断〟を入れる余地が比較的少なく、かつ大量・迅速な審査が求められる中小零細企業向け融資に関しては、よりＡＩの適用が広まる可能性もあるだろう。

❹情報の活用手段としてのＡＩ活用

銀行には、既存融資先に関する、活用しきれていない様々な情報が眠っている。例えば、企業から持ち込まれる手形にはその振出人や裏書人が、融資先企業から徴求する勘定科目内訳明細書には預貯金のある金融機関名や取引先の企業等の情報が記載されており、そこからは、企業同士の結びつきや関係性（資本関係、取引関係等）、その強さを窺い知ることができる。しかし現状、これらの情報については、その時々での利用はあるものの、統一的に蓄積・活用されるケースは少ないのではないだろうか。

こういった情報に加え、ある企業で発生したポジティブイベントやネガティブなアクシデントの影響が、他の企業に及ぼす影響の種類やその程度についての情報を蓄積することで、とある企業が倒産した場合に、その他の取引企業に及ぼす影響の種類や程度をＡＩによって予測することも可能になるかもしれない。

個人向け融資におけるＡＩの活用

海外における個人向け融資のＡＩ活用動向

個人向け融資の分野においては、特に与信モデル構築に関してＡＩの活用が進んでいる。特に海外においては、既存の金融システムの中では資金調達が難しい、いわゆるハイリスクな顧客層への融資を実行することを目的としたＡＩ活用が目立つ。

通常米国では、個人への融資判断は信用スコアを用いて実施されるのが一般的だ。その中でも、「FICO® Score」＊は最もポピュラーなものであるが、金融機関はこういった信用スコアをもとに審査を行い、融資判断や条件の決定を行っている状況にある。

一方で、信用スコアが低い場合や、そもそも信用スコアが付与されるための金融取引をしていなかった若年層や移民等の場合は、有利な条件で融資を受ける、もしくは融資自体を受けることが困難な状況にある。こういった信用スコアが不十分な層に向けた融資を実現する方法の一つとして、大量のデータを用いたＡＩの活用が位置づけられる。

米国のZestfinance（ゼストファイナンス）では、信用スコアが低い層を中心とした融

＊FICO® Score
Fair Isaac Corporation（通称FICO）が開発した信用リスクを測定するための基準。

資審査を行っている。前述の通り、米国では信用スコアが低いと融資条件が悪くなるか、もしくはそもそも借入ができなくなるケースが多い。しかしながら、こういった属性の顧客の中にも、健全な返済能力と返済意思を持つ層は相当数含まれている。

同社の査定モデルでは、万に近い種類のデータから顧客の信用リスクを算出する。例えば氏名の書き方一つにしても、すべて大文字で書いたのか、大文字と小文字を正しく使い分けたかなど、一見すると些細な変数も、大量に分析することによって与信判断の材料にしているのだ。これにより、従来の信用スコアが低い層に対しても、適切な金利条件の下での融資が可能になる。

また、近年は新興国や発展途上国においても、様々なデータを用いた与信判断による個人向け融資サービスが広がりつつある。

例えば米国に本社のあるBranch（ブランチ）は、ケニアやタンザニアを中心に個人向けのモバイル融資を行っている。このサービスは、まず顧客のスマートフォンにアプリをインストールしてもらい、そのアプリによってスマートフォン内の様々な情報を収集・分析して与信判断を行うものである。例えば、毎月の携帯電話料金や通話記録から、顧客の浪費性向や交流関係等まで分析し、それらの情報を基にした融資判断が即座に実施される仕組みが構築されている。

特に新興国や発展途上国では、信用履歴等の情報が整備されていない一方で、安価なスマートフォンの普及が進んでいるケースが多い。ＡＩによる様々な情報を活用した与信判断は、このような環境下での融資や、金融取引履歴が少ない層への融資の際に特に有効な手法となる。

日本でのＡＩ活用状況と今後の展開可能性

日本のＡＩを活用した個人向け融資の事例としては、第1章でも触れた、みずほ銀行とソフトバンクが出資して２０１６年11月に設立されたJ.Score(ジェイスコア)の事例が挙げられる。

また、静岡銀行においてもＡＩシステムを活用した「事前与信モデル」が導入されており、年齢・性別などの属性情報、入出金明細などの取引情報から、顧客のローン商品ニーズやリスクを数値化して融資可能見込み額の算出を行うとしている。同行の場合、対象商品は住宅ローン、教育ローン、マイカーローンなどの各種ローン商品から、その対象を投資信託や保険などの資産運用商品にも応用していく予定のようだ。

個人向け融資の分野では、これまで貸付単価の大きい住宅ローンがその取り組みの中心であった。しかしながら、近年の低金利かつ過当競争気味の市場では十分な利ざやが稼げず、小口でも利幅の大きいカードローン等の融資商品への注力が進んでいる。

特に地方銀行においては、審査ノウハウやマーケティングスキルの不足を補う目的で、保証会社としてアコムやＳＭＢＣコンシューマーファイナンス、オリコ（オリエントコーポレーション）など、メガバンク傘下の消費者金融・信販会社を利用している場合が多い状況だ。

銀行がこれらの保証会社を活用するメリットとしては、デフォルトリスクの転化のみならず、迅速な審査やマーケティングも含め、充実した支援を受けることが可能になることが挙げられるが、その分の対価として相応の保証料を支払うこととなる。金融機関にもよるが、利息収入の最大５割近くを保証料として支払っていることもあり、金融機関にとっての大きな収益圧迫要因となっていることは間違いない。

逆に言えば、外部の保証会社を利用している金融機関にとって、保証業務をグループ内で内製化することによる収益性の向上余地は非常に大きいといえる。グループ会社を含めた保証業務の内製化に際しては、審査ノウハウの向上による承認率の確保や、代位弁済後の求償権に基づく適切な回収業務への対応などが必要となり、現状のままでは既存の大手保証会社と同じレベルの業務を実施するのは難しいだろう。そこにＡＩの活用余地がある。

個人の信用力に影響を及ぼす可能性のあるデータと、それら信用力の結果として捉えることができる延滞・デフォルト等のデータを大量に確保することができれば、それをＡＩが学習し最適な与信判断を行うことで、申込後の融資承認率を上げつつデフォルト率を抑えることや、迅速な審査実施が可能となるだろう。

特に単価の低い個人向け融資の場合、法人向け融資とは異なり、ＡＩによる与信判断のブラックボックス化が大きな問題になる可能性も低く、かつ即時性が求められるカードローン等の融資においては正確かつ迅速な審査を実現するＡＩ与信との親和性が高いといえる。

また、ＡＩの活用により、延滞債権の督促や回収業務を効率化できる可能性も考えられる。

外部の保証会社を利用している銀行の場合、最終的には代位弁済により貸付金額が保証されるため、通り一辺倒の督促を実施するのみで、あまり熱心な督促・回収が行われないことも多いと聞く。これは、銀行側の体制として、延滞債権の督促・回収業務に人員を割く余裕がないという事情もあるだろう。

延滞債権を持つ顧客一人一人に電話をかけ、交渉まで行うとなると、非常に手間のかかる作業となる。しかしながら、代位弁済の増加は、当然ながら保証会社に対する保証料率増加の要因となるため、特にグループ外の保証会社を利用している場合は代位弁済が少ないに越したことはない。

延滞債権の督促や回収業務へのＡＩ活用の方向性は大きく二つ考えられる。一つは、延滞債権の回収確率が高く、回収にかかる業務負担が軽いであろう延滞者をＡＩによって抽出することである。ＡＩを活用した与信判断が可能な程度の情報が収集できているのであれば、1本の電話のみで回収可能な確率を債権者ごとに算出し、回収確率が高い延滞債権者に絞って電話をするなどといった効率的な対応も可能となるだろう。

もう一つの方向性は、督促・回収業務を実施する人員のスキルをＡＩによって補完することである。第3章で記載したとおり、コールセンター関連ソリューションには、音声認識や最適なＦＡＱ表示のためにＡＩ技術が活用されているが、昨今は感情分析の機能が注目されつつある。

これは、顧客の声のトーンや会話内容を分析することにより、怒っているのか、困っているのか、関心がないのかなど顧客のリアルタイムの感情を可視化することを可能とするものである。

これらの機能を活用すれば、顧客の感情が督促や回収が困難な状態にある場合には手短に電話を切るといった判断も可能になるだろう。

個人向け融資におけるＡＩ活用時の課題

一方で、個人向け融資の分野でＡＩ与信を進めるにあたっては、いくつかの課題が存在している。

一つは、上限金利の問題である。日本では、融資に関して利息制限法と出資法によって貸付金利の上限が定められている。利息制限法では貸付額に応じて15～20％、出資法では

20%が上限となっている。通常、ＡＩの活用に関わらず、与信判断した結果として信用リスクが高い場合、貸付金利を高く設定することで採算を取ることが必要となるが、日本の場合は比較的低い上限金利が設定されてしまっているため、そもそもリスクが高いと判断された層に対応可能な金利での貸付は困難である。

また、２０１０年に完全施行された改正貸金業法では、貸金業者による貸付金額は年収の3分の1までに制限されている。銀行は同法の対象外ではあるが、昨今の銀行カードローンによる多重債務懸念の高まりを受け、銀行業界においても自主規制によって改正貸金業法と同程度の融資額上限を設けているケースが多いのが実態だ。

そのため、ＡＩ与信によって融資可能と判断されても、年収が低く、すでに他社からの借入が存在していれば、そもそも追加での貸付が不可能であるケースも多いだろう。このように、既存ターゲット層に向けたカードローン等の融資事業の効率化を実現することは可能だとしても、一般的に信用リスクが高いとされる層への貸付金額の増加は難しい側面もあり、ＡＩ与信による金融機関の融資ターゲット層の拡大効果は限定的となる可能性がある。

もう一つが、銀行カードローン審査時の、警察庁反社会的データベースの照会の義務化である。２０１８年1月から導入されたこの照会業務は、照会から回答までに少なくとも一営業日かかるとされている。そのため、ＡＩによって迅速な審査をしたとしても、照会業務がボトルネックとなり、銀行カードローンの即時性という商品性は失われてしまうであろう。

とはいえ、ＡＩ与信が金融機関にとってどれだけの効果をもたらすのかは未知数の部分もある。ＡＩが個人向け融資にどのような革新をもたらすのか、今後の取り組みが注目される。

融資管理・担保管理におけるＡＩの活用

ＡＩが最新の不動産推定価格を算出

融資実行後の業務において、ＡＩはどのように用いられるだろうか。融資の際には担保・保証が付される場合が多いが、最も多いのは不動産担保である。

不動産の領域では、「不動産」と「テクノロジー」を掛け合わせた造語である「不動産テック：Real Estate Tech」の動きが出てきている。これは、不動産の売買や賃貸、投資の領域において、ＩＴを利用して業務の高度化を図る動きである。

不動産テックにより提供されるソリューションは、主に不動産販売価格の算出である。例えば路線価や基準地価、住宅土地統計調査などの官公庁系オープンデータや、民間の各種不動産関連情報を集約する。そのうえで、ＡＩが最新のデータを自動的に学習し、常に最新の不動産推定価格を算出するというものである（図表４－２）。

日本では新築信仰が根強く、中古物件の流通量は少ない。一方で全国的に空き家問題が深刻になっている。国土交通省でも不動産に係る情報ストックの一元的整備の必要性を認識しているが、このようなことを背景に、現在、急激に不動産テックが浸透してきている。

不動産テックでは、主に中古物件の価格算出が行われているが、金融機関が取得した不動産担保もまさしく中古物件であり、不動産テックのソリューションを活用できるものと考えられる。

では、これが実際に導入されたら、金融機関の不動産担保管理の業務はどのようになるだろうか。

不動産テックのソリューションでは、リアルタイムで不動産価格を推計する。このデー

図表4-2
不動産テックにおけるサービスイメージ

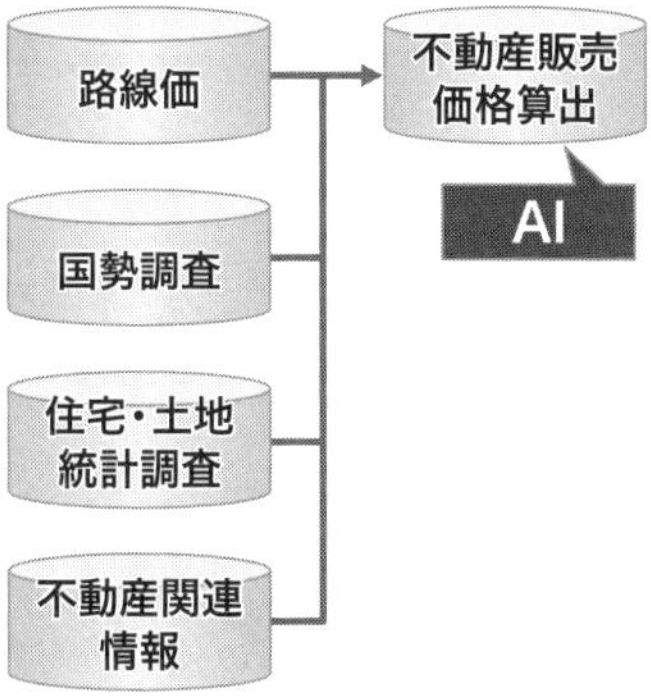

出典：NTTデータ経営研究所

図表4-3　不動産担保管理への活用

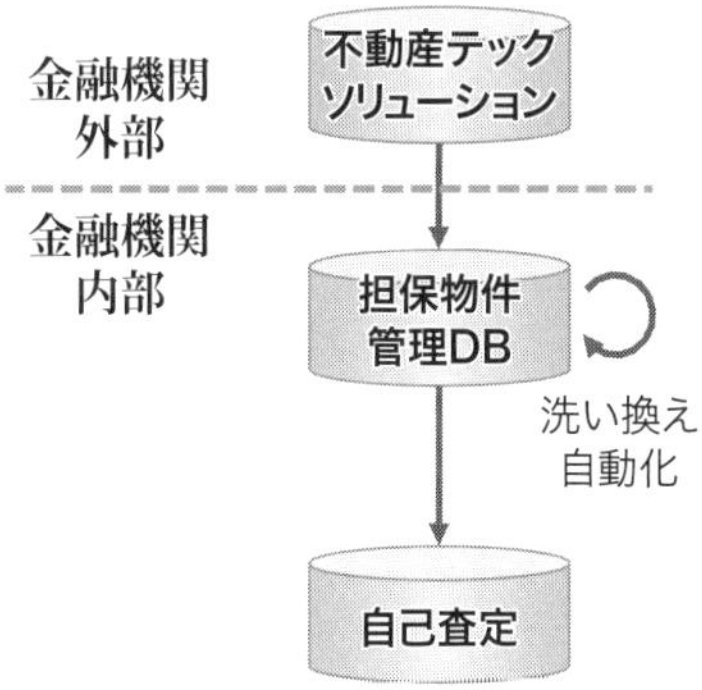

出典：NTTデータ経営研究所

タを金融機関が内部に取り込み、不動産担保物件を管理しているデータベースを自動的に洗い換えるようにすれば、行職員が不動産価格を調べたりする手間が省け、自己査定業務の効率化につながる（前ページの図表4－3）。

また、洗い換え頻度の向上を通じて担保管理の高度化が図られたり、今まで難しかった遠隔地における担保物件の徴求可能性が増大するなど、業務の高度化も図られるものと考えられる。

２０１７年に、国税庁は「税務行政の将来像」というペーパーを発出し、その中で調査・徴収におけるＡＩ活用を論じているが、この中でも不動産関連での適用が具体的に指摘されている。不動産関連は、ＡＩを用いて今後急激に電子化・高度化が行われていくと考えられる。このような流れを金融機関内部に取り込んでいくことが必要になるだろう。

コベナンツ管理の効率化・高度化に

融資管理にもＡＩは利用されそうである。シンジケートローンには財務制限条項（コベナンツ）が付されている場合が多く、各金融機関では管理を行う必要がある。通常、融資を行っている先であれば融資管理は縦横に行っているが、シンジケートローンのみの先の場合は、融資先企業が遠方にあったりして、対面で業況等を確認することが難しい。また、コベナンツ管理においては決算短信や有価証券報告書、各企業のプレスリリースなど、外

図表4-4　コベナンツ管理への活用

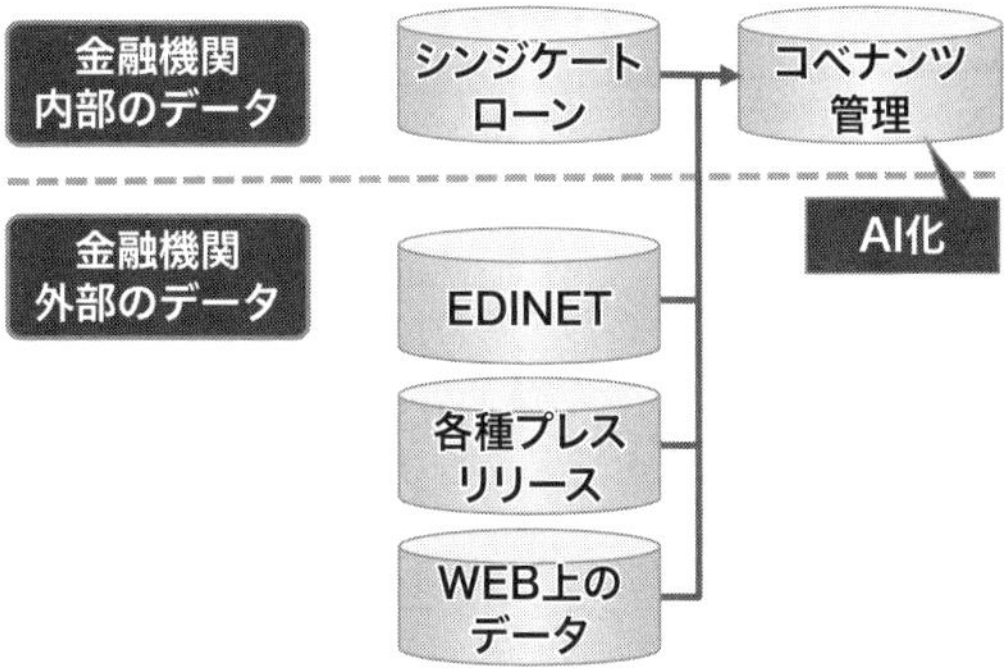

出典：NTTデータ経営研究所

部データの参照も必要である。このような状況において、ＡＩを用いて金融機関の外部データを取得し、分析を行うことが考えられる（図表4－4）。

シンジケートローンの契約書は紙である場合がほとんどであるが、現在ではブロックチェーン技術を用いた電子化が企図されている。このように、金融機関内部、外部の電子化が進む中でコベナンツ管理の効率化、高度化がＡＩを用いてなされることになるだろう。

またこの仕組みは、コベナンツが付されていない融資案件においても活用できるものと考えられる。

取引先企業のサポートにおけるＡＩの活用

ビジネス・マッチングの相手方をＡＩが探す

金融機関に対しては、行政当局から取引先企業の本業支援が求められており、多くの金融機関では、その一環として取引先企業の販路拡大のためにビジネス・マッチングを行っている。ビジネス・マッチングには、個別の企業同士を金融機関が結びつける形式と、金融機関が商談会を主催して出会いの場を設ける形式の２パターンがある。

ビジネス・マッチングの中でも、現在最も上手くいっているのは食品産業におけるビジネス・マッチングである。食品であれば、金融機関の行職員でもどのように加工・流通するか見当がつきやすいというのがその理由だ。

一方で、製造業のビジネス・マッチングは難しい。例えば、ネジを欲している企業があったとしても、ネジの用途がロケットのように精密さを求めているのか、家具のような汎用的な用途に使うために大量かつ低コストの商品を求めているのかなど、状況が異なる。ある企業がネジ製造会社と認識していても、当該企業の技術力や生産力を認識できないとビジネス・マッチングにならない。金融機関の行職員は２～３年で異動を行うため、企業の資金繰りや仕入先・販売先程度は認識することができても、当該企業の技術力などのコア・コンピタンスを認識することは難しい。

こうした現状を踏まえ、ビジネス・マッチングの分野にＡＩを導入すると、どのようなことが新たにできるだろうか。企業の情報は金融機関内部だけではなく、該当企業のホームページ、ニュース、インターネット上の情報、調査会社のレポートなど様々なものがある。これらの情報を集約し、ＡＩが分析してビジネス・マッチングを行うことは可能であろう。

加えて、金融機関は決済データを持っており、例えば該当する企業と類似する企業の販路を突き止めることによって、新たなビジネス・マッチングの相手方を探ることもできるだろう。

事業承継、空き家問題などへの対応にも

これらのマッチングの仕組みは、事業承継にも応用できるだろう。現在、少子高齢化によって、中小零細企業の社長は高齢化が進み、跡取りが少ないという状況になっている。特に年商の低い企業ほどこの傾向がある。年商は低いが赤字というわけではない企業であっても、社長にもしものことがあったら跡取りがいないため廃業という事態になる。

近畿産業局は、後継者不足から中小企業の廃業が進み、関西では２０２５年頃までの約10年間で約１１８万人の雇用と約4兆円の域内総生産（ＧＲＰ）が失われるとの試算を示している。当然ながら、こうした状況は関西に限ったことではない。

中小企業の実態を熟知しているのは地元の金融機関である。このような状況でＡＩがサポートできることは多いと考えられる。

また、現在、全国的な問題として空き家問題がある。相続人が適切な登記を行わないため、所有者不明の土地も各地で多くなっている。これらの問題は地方だけではなく、都市でも発生している。人口が減っている中、空き家を個人にあっせんするには限界があるが、このような状況においても金融機関が活躍できる余地はあるように考えられる。既述した不動産テックの流れを利用しながら、空き家物件を民泊業者に仲介したり、起業する人に安く提供するなど、方法はいろいろあるはずだ。

このようなマッチングの際にもＡＩが活躍することになるだろう。現状、金融機関には不動産仲介業は認められていないが、対企業向けに限定するような形で規制緩和を行うことも一考する時期に来ていると考えられる。

預金口座開設業務におけるＡＩの活用

Artificial Intelligence on Financial Institutions

アンチ・マネロンの名寄せ処理にＡＩが活躍

預金口座開設時や大口の送金、海外送金時には、「犯罪による収益の移転防止に関する法律（犯収法）」等に基づき、反社会的勢力、麻薬・テロ組織による送金やマネーロンダリングに利用されないように、金融機関は適切な対応を取ることが求められている。

現状、各金融機関が対象者のデータを収集し、独自のデータベースを構築。窓口では口座開設時や送金時など、顧客からの取引申出時に本人確認を徹底して、データベース上に該当者がいないか確認を行っているが、これらの一連の業務の中で、①反社会的勢力やＡＭＬ（アンチ・マネーロンダリング）／ＣＦＴ（テロ資金供与対策）規制に対応したデータ収集と行内リスト作成、②利用申出時の現場におけるデータとの突合、の２点は金融機関にとって多大な負荷になっている。

また、２０１９年にはＦＡＴＦ（Financial Action Task Force on Money Laundering：マネーロンダリングに関する金融活動作業部会）の第４次対日相互審査が予定されており、

図表4-5
反社会的勢力の排除／AML／CFT規制対応におけるプロセスと問題点

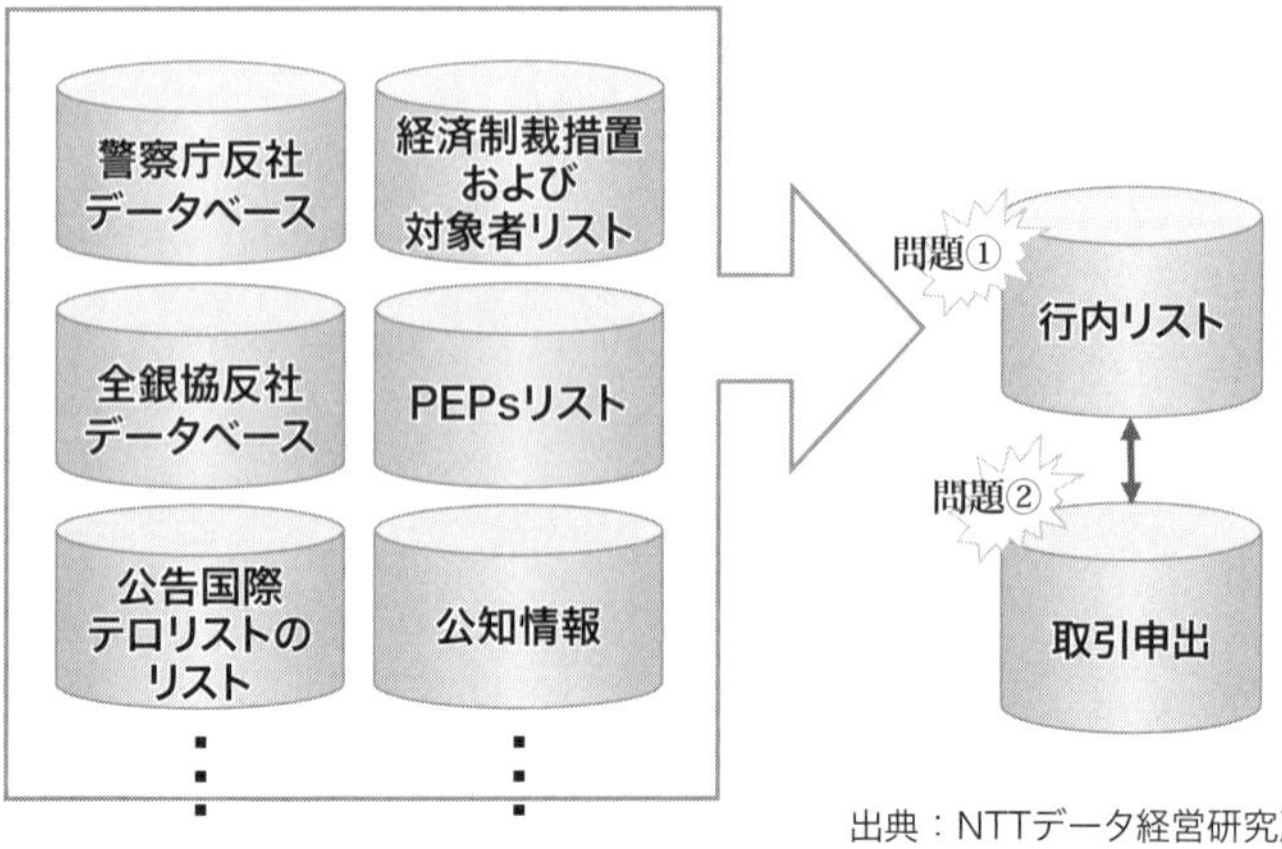

出典：NTTデータ経営研究所

更なる対応強化が求められるものと考えられる。

　このような状況下で、ＡＩを利用するとどのようなことが起こるだろうか。

　図表４－５は現状のプロセスと問題点を図示したものである。現状では金融機関の外部にあるデータから各種情報を集めてリストを作成する。２０１８年から警察庁反社データベースとの接続が始まったものの、業務上の手間はかなりかかる。

　また、外部のリストそのものを収集して統合すれば、それで法律が要求する水準を満たすことができるわけではない。特に法人については、法人そのものが該当するかどうかも重要であるが、当該法人の取締役や主要株主にリスト上の該当者がいないかを確認する必要がある。そのため、電子的な対応を進めようとすると、法人と個人の間での名寄せが必要になる。この名寄せの処理にAIが活躍するようになると考えられる。

法人と個人の間の関係は流動的であり、株主や取締役の変動は容易に起こり得る。そのため、定期的に法人企業のチェックをAIを用いて行い、疑わしい取引が発生しないように努めることが必要である。

AIのあいまい検索で精度の高いチェックが可能に

窓口等で顧客から取引申出を受けた際にもチェックを行う必要があるが、この段階でも問題は多い。

主要な問題だけでも、①同姓同名をどのように排除していくのか（特に中国人は苗字が漢字1文字で、かつ人口が多いため同姓同名が多い）。②カタカナ表記とアルファベット表記、漢字表記とアルファベット表記が必ずしも常に1対1対応するわけではなく、あいまい検索をしないとリストに該当するか否かの確認にならない、といった問題が生じている。

このようなところでもAIを搭載したITシステムが行職員をサポートして、あいまい検索をしながら精度の高い結果を出すことにより、窓口業務の省力化が進むのではないか

図表4-6　認証手段の共同利用

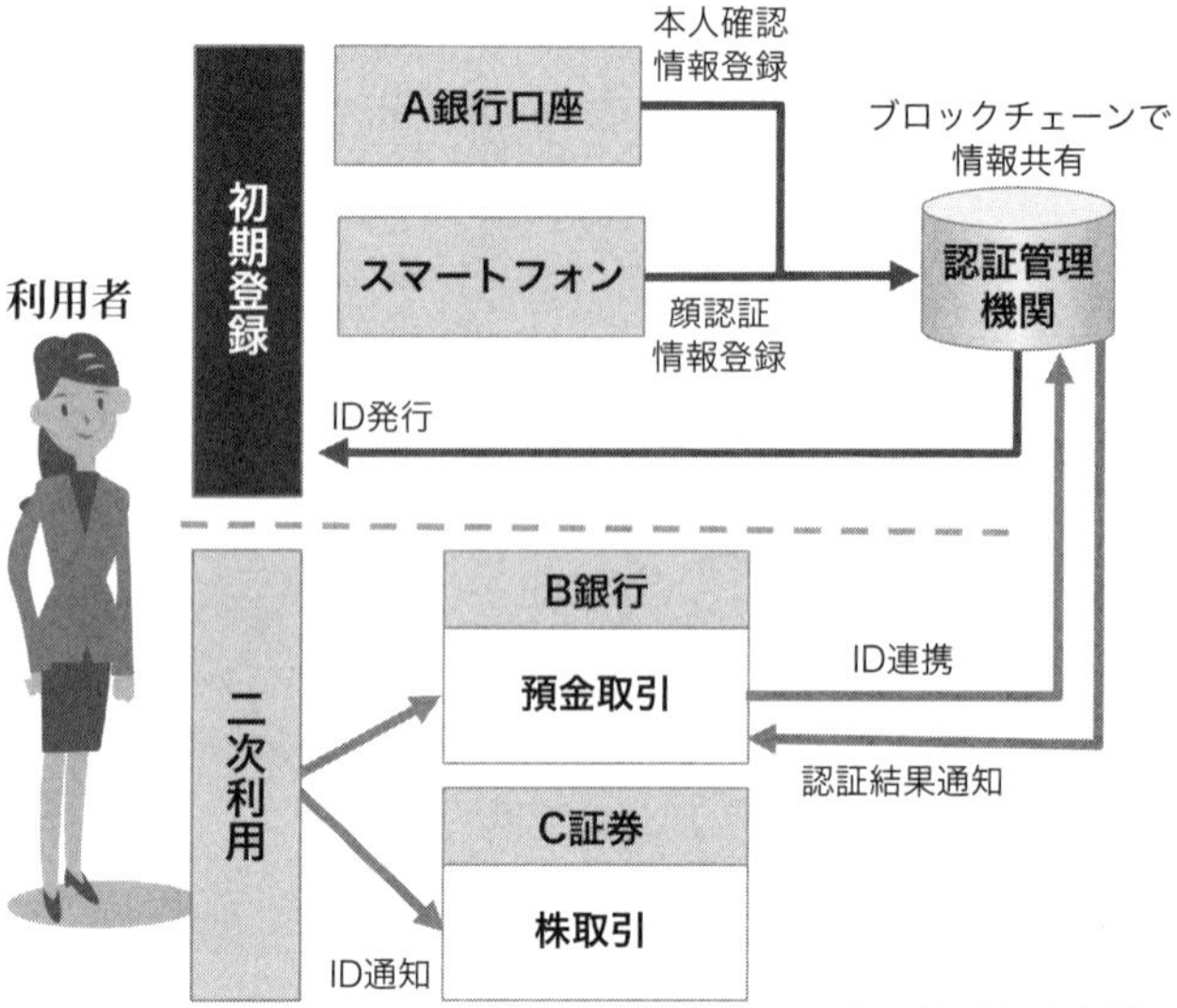

出典：NTTデータ経営研究所

と考えられる。

口座開設の際には、認証情報を登録することが必須である。現在では届出印、キャッシュカードの暗証番号設定、生体認証の登録などを行っている。今後は、認証情報自体を業界横断で持ち合うようになり、顧客は登録済みＩＤを申し出ることによって、個別の金融機関に対して認証情報を登録することなく、手続きができるようになるものと考えられる。

２０１７年現在、金融庁と３メガバンクが実証実験を行っているが、実際に稼動すれば、営業店窓口の効率化に資するであろう。

Artificial Intelligence on Financial Institutions

為替・決済業務におけるＡＩの活用

ＡＩが悪筆を学習し、ＯＣＲの読み取り精度が向上

為替・決済業務については、現状でも電子化が進んでいる。また、送金についてはフィンテック企業の参入もあり、新たな電子的サービスが出てきている。しかし、電子化が進んでいる中でも、行政が発出する納税通知書／納付書、収納機関が出す払込票や口座振替依頼書などは紙が残存していて、今後電子化が進むものの、完全に電子化するまでには時間がかかるものと考えられる。

また、未だに紙の手形・小切手が残存して金融機関に持ち込まれたり、小規模法人の電子化が進まず、紙の振込伝票が持ち込まれたりしている。

現在、振込伝票や納付書は金融機関の窓口でＯＣＲ（光学的文字認識）により文字・数字の読み取りを行い、それ以外のものは事務センターでＯＣＲ読み取りを行っている。ＯＣＲの精度は徐々に高まっており、特に機械印字された文字の読み取り精度は向上しているが、手書き文字の読み取り精度向上は頭打ちになっている。特に字があまり上手でない

図表4-7　OCRとAIを組み合わせた業務改善

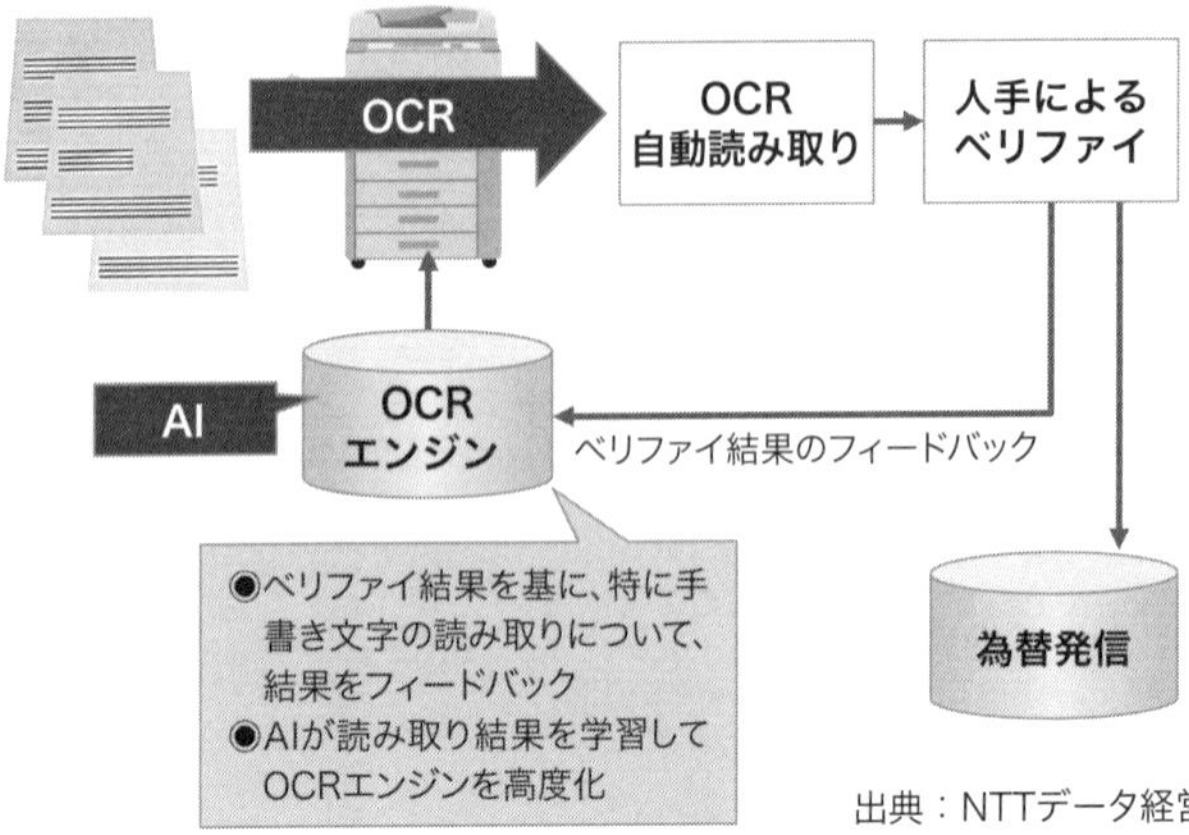

出典：NTTデータ経営研究所

方の読み取りは難しい。ここで、ＡＩが悪筆を学習して読み取り精度を向上させることが考えられる。

図表４－７はＯＣＲにＡＩを組み合わせた際の業務プロセスである。紙の伝票や帳票類をＯＣＲで自動的に読み取り、文字や数字、記号を抽出してデータ化する。データ化されたものを人が確認（ベリファイ）を行う。ここまでのプロセスは現状でも一緒であるが、ベリファイの結果、ＯＣＲ自動読み取りの正誤をＡＩが学習することによって、ＯＣＲエンジンを高度化することができる。為替関連処理は日々大量に発生しており、ＡＩが一度学習をはじめると、急激に学習してＯＣＲの読み取り精度は格段に向上していくものと考えられる。

口座の利用に対し、アラートやリコメンドも

では、顧客の視点に立つと、ＡＩを使ってどのような新しいサービスが提供されるだろうか。

現在、クレジットカードの利用状況は、カード会社が監視しており、不正利用されると顧客に連絡を行い、連絡の結果不正と認められれば、取引そのものを取り消したり、クレジットカードそのものを無効扱いにしたりしている。

クレジットカードは後払いのため、取引時には金額そのものが動かず、事後的な対応が可能であるが、送金については実行されてしまうと後戻りができない。振込め詐欺のような特殊詐欺の場合、例えば、顧客がＡＴＭで振込口座と金額を指定した際、通常と異なる行動であり異常だとＡＩが判断することでアラートを出す、取引そのものをブロックする等の対応が考えられる。

一方で、普段利用している預貯金口座の使い方についても、ＡＩが様々なリコメンドをしてくれる可能性がある。例えば、いつも行う振込が行われていないときには、ＡＩが振込をリコメンドするなど、払い忘れを防止するようなサービスが出てきたり、今後行われる口座引落しの際に口座残高が不足しそうであればアラートを出したり、他行の口座から自動的に振替を行い残高不足にならないようにするなどのサービスが登場することが考え

られる。

ただし、ＡＩが自動でやった行為について、もしも間違いが生じた場合に取り消せるのか、損害賠償請求を誰にできるのかなど、ＡＩに関連した法整備を待たないと導入が難しそうなサービスがあるのも事実である。

ＡＩを搭載したＣＭＳにより資金効率を最適化

口座間の資金移動については、個人よりも法人のニーズのほうが高いようにも考えられる。法人はかなりの頻度で入金があり、またかなりの頻度で振込、引落がある。加えて、複数の銀行の口座、複数の通貨の口座、大企業においては各国の銀行との取引もある。このような金融取引における資金効率の最適化に、ＡＩを搭載したＣＭＳ*が活用されるようになるだろう。

また、資金移動に関してだけでなく、どのようにすると借入額を減らせるか、どのようにすると預貯金に対する利子の額を最大にできるのか、外国為替の変動に対してどのように対応するかなど、ＡＩがリコメンドできる領域はかなり多いものと考えられる。

このように考えると、個人より法人のほうがＡＩのリコメンドに対するメリットを享受しそうである。今後、様々なプレイヤーが切磋琢磨して、新たなＡＩ搭載型サービスを出していくことになるだろう。

＊CMS
キャッシュ・マネジメント・システム（Cash Management System）。グループ企業の資金を親会社や中核会社が集中管理することにより、効率的な連結運営や資金運用をする手法

後方業務におけるAIの活用

Artificial Intelligence on Financial Institutions

金融機関の業務は、システム化とともに事務センターへの集中化が行われてきた。事務センターへの集中化は大量定型処理から行われ、よって、現状で営業店に残存している業務は、顧客が面前にいるために処理しなければならない即時性の高い業務か、事務集中するには量が少ない少量多品種業務である。

一方で、金融機関の営業店では、合理化・人員削減が進む中で、事務処理の多くをパート職員がこなすようになっている。少量多品種業務に対応するために多能化が求められる中、社員からパートへの移行が進んでいるのが現状である。このような状況は、AIによって今後どのように変わっていくのだろうか。

非定形業務についてもRPAでの自動化が可能に

事務処理合理化の決め手の一つは、第1章でも紹介したRPA（Robotics Process Automation）の導入であると考えられる。RPAは仮想知的労働者とも呼ばれ、主にホ

図表4-8　RPAの動作イメージ

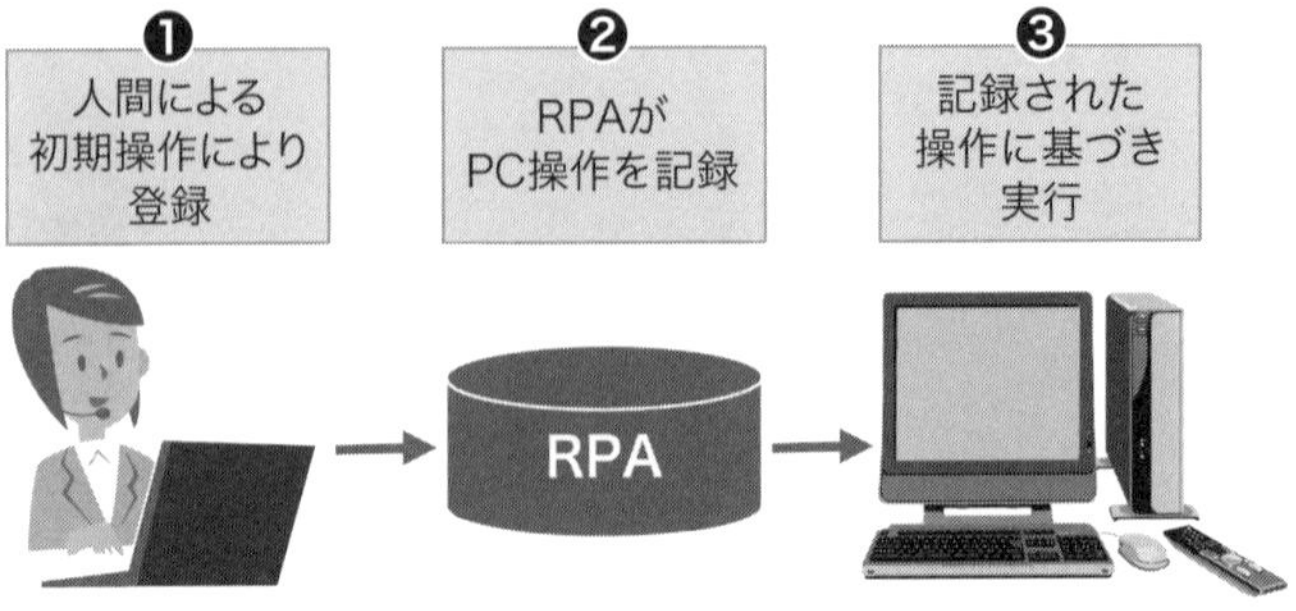

出典：NTTデータ経営研究所

ワイトカラー業務の効率化・自動化の取り組みである。

具体的には、ＲＰＡは画面上にある複数のアプリケーションを識別して、人間と同じように操作を行うことができるソフトウェアロボットであり、伝統的なプログラム言語で構築されるのではなく、事前に設定された実行手順に従って動作する。したがって、ＩＴナレッジの少ない業務部門スタッフの直観的な操作で構築可能であり、簡単に自動化することができる。

よって、これまで「ＩＴによる改善を試みたものの、費用対効果が見合わず断念した」「そもそも自動化はできないとあきらめていた」業務などを、ＲＰＡを適用することで効率化することが可能になる。つまり、営業店に残存する少量多品種業務が、ＲＰＡによって自動化される可能性は高いと言える。

図表４-９　RPAの利用イメージ

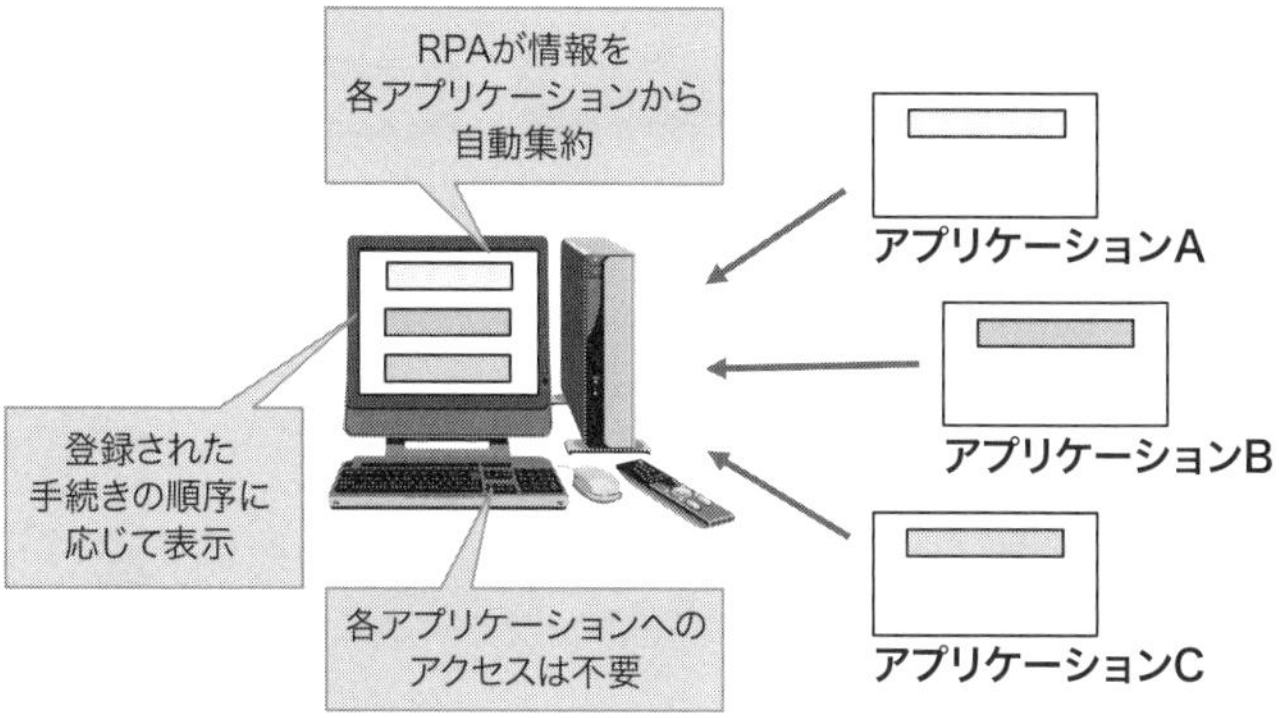

出典：NTTデータ経営研究所

現状のＲＰＡは、人間が実施していた定型業務を自動化し、例外対応は人間が対応しているが、今後はＡＩを活用することにより、非定型業務の自動化が進んでいくものと考えられる。これは、ＡＩのディープラーニング機能を利用することにより、ＲＰＡが例外対応や非定型業務を学習してこなすようになって、かつ非構造化情報の取扱いができるようになるからである。

更に次のステップに進むと、より高度なＡＩにより、作業の自動化のみならず、プロセスの分析・改善、意思決定まで自動化が進むようになるであろう。

事務センターは高度化、営業店の店頭は電子化

では、今後の営業店と事務センターの関係はどのようになるのであろうか。事務センター側

図表4-10　営業店と事務センターの関係性

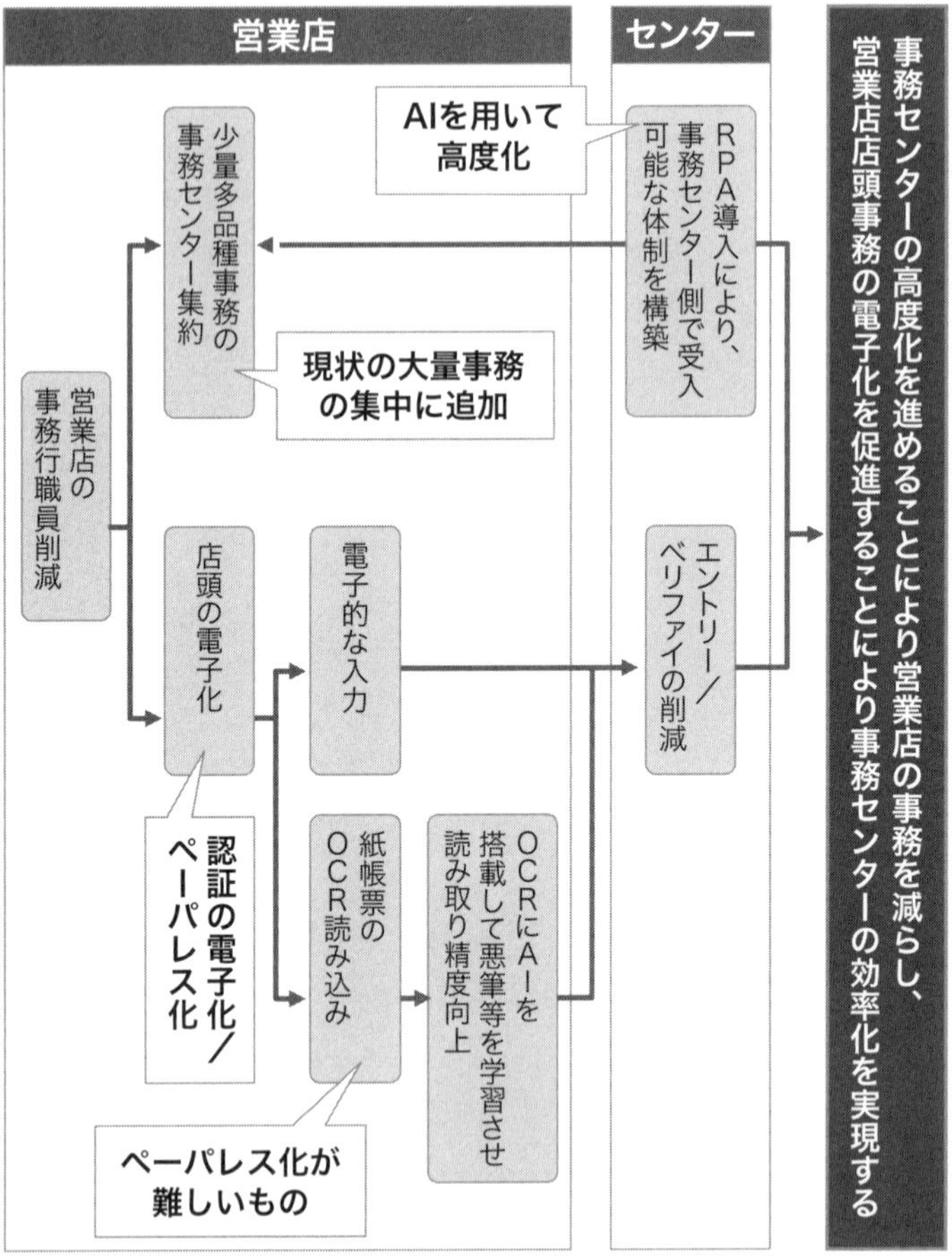

出典：NTTデータ経営研究所

ではＲＰＡを導入することにより、いままで電子化が難しかった営業店の少量多品種業務を集約化することになるだろう。

一方、営業店側では店頭の電子化が進む。電子化には顧客自身による電子的な入力に加え、前項で言及したような紙帳票をＡＩを搭載したＯＣＲで電子的に読み込んで自動入力する処理も行われ、その２通りの展開が進む。これらの対応によって、結果として事務センター側のエントリー・ベリファイ業務（入力確認業務）が効率化される。

つまり、ＡＩと電子化によって、①事務センターの高度化が進み、よって営業店の事務が減り、②営業店店頭事務の電子化を促進することにより事務センターの効率化が実現される。これらの取り組みを通じて営業店の事務人員の削減が進み、かつ金融機関全体の生産性も向上されるものと考えられる。

加えて、電子的に業務量を認識して、ＡＩが実績を解析することによって、業務がどれだけ増減するか、繁閑差を算出することが可能になる。よって、営業店や事務センターでどれくらいの労働力が必要になるかを容易に予測できるようになり、パート職員の出勤シフトがより精緻になるだろう。

報告書作成にかかる営業店の負担が軽減

ＲＰＡによっては、事務以外の面でも、営業店の負荷を軽減することが可能になると考

図表4-11　業務効率化の状況とRPA適用領域

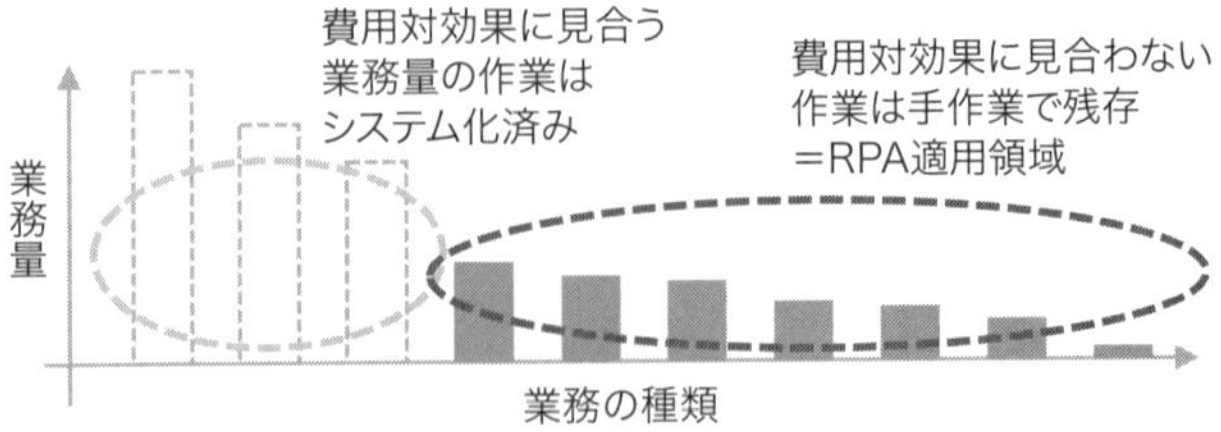

出典：NTTデータ経営研究所

図表4-12　RPA適用領域のイメージ

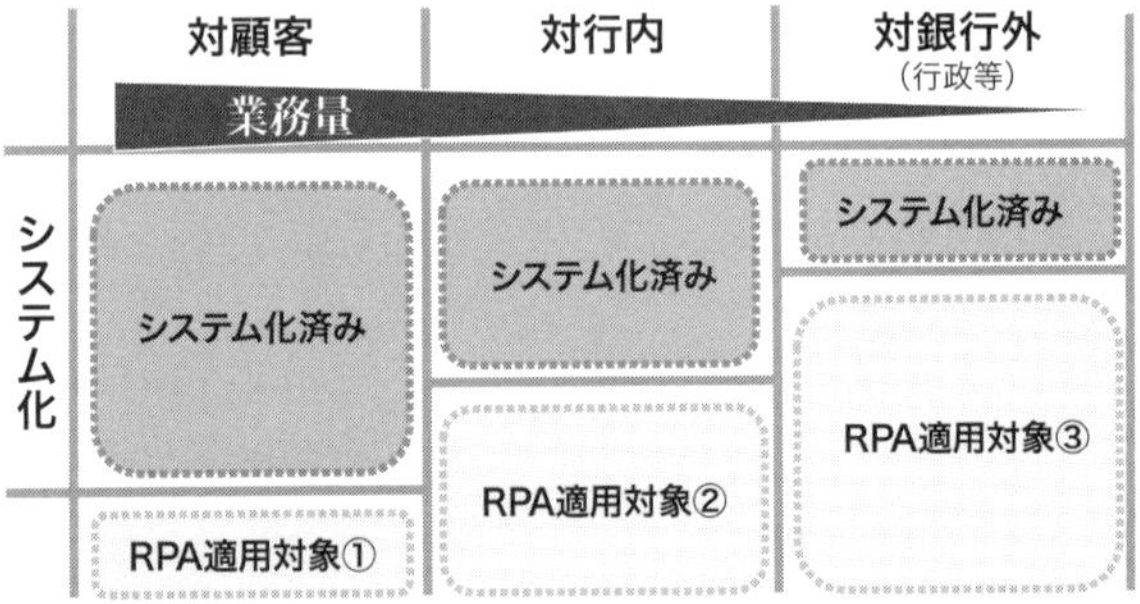

出典：NTTデータ経営研究所

図表4-13　報告書の自動作成

出典：NTTデータ経営研究所

えられる。

金融機関では、現場の状況を把握するために、本部各部署が営業店に対して各種報告を求める。要請に応じて、営業店では各種のデータベース（ＤＢ）から必要なデータを抽出して、報告書を作成している。営業店では企画部、営業統括部、事務統括部等の本部各部署がそれぞれ報告書作成を指示してくるため、役席者は報告対応に追われており、これが営業店の効率化の妨げになっていることが多々ある。

従前は、新規に情報システムを構築してしまうと、変更頻度や投資対効果の関係からかえってコストが増加して、当初の目的とは逆効果になる可能性がある領域があった。というのも、報告書作成業務に携わる人数は少なく、情報システムを導入して省力化をしたとしても、削減される人員数は少ない。また、対行政報告等は、法規制の変更により都度報告形式を変更する必要があるので、システム化すると改修コストがかかるのだ。このような領域において、ＲＰＡの導入は親和性が高いものと考えられる（図表４－11、図表４－12）。

よってＲＰＡを用いることにより、複数のＤＢ間での情報収集が容易になり、本部では営業店に依頼しなくとも、簡便にデータの収集を行うことができるようになる（図表４－13）。結果として、営業店の負荷が下がることになるだろう。

投信・保険の販売におけるＡＩの活用

個々の顧客に対する適切なリコメンドが可能に

ＡＩは、金融機関の収益面にはどのような影響を及ぼすだろうか。現在、多くの金融機関では、マイナス金利等の影響により預貸ビジネスの採算が悪化する中、預かり資産（投資信託、国債、生命保険など）の販売に注力している。これらの販売ターゲットは主に個人である。消費者は、それぞれのライフプランに応じて余剰資金を投資信託への投資に回したり、将来の不確実性に対応するために保険に加入したりする。本来であれば金融機関は、そうした顧客のライフプランに応じて商品をセールスすべきであるが、現状では、画一的な単品販売の域を脱していない。

こうした投信や保険の販売のあり方は、今後ＡＩが導入されていくと、どのように変わっていくだろうか。

ＡＩが導入されると、金融機関内部の情報や、顧客が入力した各種の条件から、いつかいつまで、いくら余剰資金があるか、将来どのような不確実イベントが発生するのか等

図表4-14　個人の資産形成のためのシミュレーション

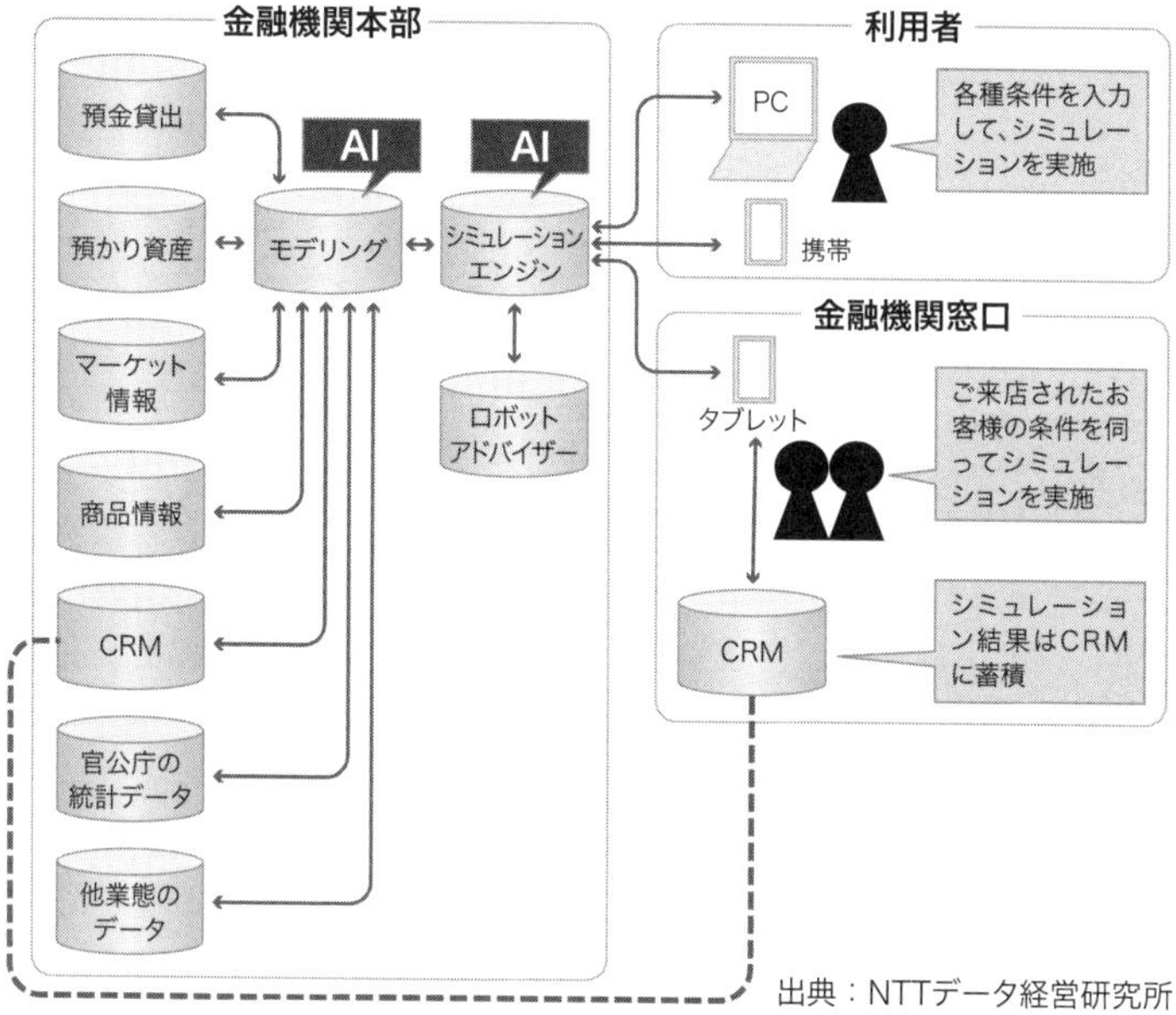

出典：NTTデータ経営研究所

をＡＩが解析することにより、自動的にそれぞれの顧客の状況を判断、個々の顧客に対する適切なリコメンドができるようになると考えられる。

統合データをAIが解析しモデリング

図表４−14は、ＡＩ導入後の、個人の資産形成のためのシミュレーション概念図である。金融機関では現在、顧客の預貯金残高や投資履歴、ＣＲＭに掲載された情報に基づいてセールスを行っている。今後は、これらの金融機関内部にある情報だけではなく、

官公庁が保有する統計データなどのオープンデータや、提携先の他業態のデータを収集して、統合することになると考えられる。

これらの統合されたデータをＡＩが解析して、金融機関が設定したペルソナ像（例えば、35歳男性・既婚・子供2人等の仮の人物像）に基づいて顧客の金融資産に関する傾向のモデリングを行う。このモデルに対して、各利用者が示す各種条件を入力してチューニングを行うことにより、資産形成のためのシミュレーションが出来上がる。このシミュレーション結果を見ることで、行職員がセールスをしたり、ロボットアドバイザーが顧客に対してリコメンドを行うようになると考えられるのである。

投資の際には、税負担を低く抑えることも重要な要件になってくる。税額の算出や税金に対する助言は税理士法上、税理士にしか認められていない業務であるが、情報システムを用いれば現状でも電子的に対応することができる。

近年は、ＮＩＳＡやｉＤｅＣｏなどの税負担軽減措置が設けられており、証券投資の後押しとなっている。また、高齢者から現役世代への世代間資産移転を目的として、政府は生前贈与について税制上の優遇措置を設けている。しかし、こうした場合の税額計算を個人が独力で行うにはナレッジを要する。

ＡＩを用いれば、超長期的なライフプランシミュレーションと、支払税額のシミュレーションが可能になるだろう。また、顧客のライフイベント（結婚、出産等）や毎年の税制改正を契機としてシミュレーションをし直し、適切なセールスにつなげていくことも考えられる。ただし、このようにＡＩを用いて個人の資産形成を促進させるためには、税理士法などの規制緩和を待つ必要がある。

また、信託業務についてもＡＩ導入による影響は大きいと考えられる。信託業務は現在、大手行を中心に兼業が行われ、地域金融機関では信託銀行・信託会社との提携が行われている。ＡＩをはじめとしたテクノロジーが進化すれば、信託業務を行うためのコストが下がり、多くの金融機関が積極的に取り扱うようになるだろう。

信託業務を取り扱うことによって、年金、不動産、土地など、現状より幅の広い資産運用の商品・サービスを顧客に提案・提供することができるようになる。

マス層向けのone to oneマーケティングが実現

では、ＡＩは、金融機関側から行うプッシュ型の預かり資産営業にはどのような影響を与えるだろうか。

現状では、勘定系からの各種還元データやＥＢＭ*のデータを営業店に還元する仕組みはあるものの、データの利用方法は営業店に任されている。

さらに言えば、本部は営業店に対して目標数字を割り振るだけで、誰に対して、何をど

＊EBM
イベント・ベースド・マーケティング（Event Based Marketing）。就職、結婚、出産、住居購入といった顧客にとって重要な出来事で、かつ、企業にとっては商品やサービスの販売機会に際して、最適なタイミングで最適な商品やサービスを、最適な手段で提案するためのマーケティング。

のように営業するかは営業店の自主的判断に委ねられている。一方で、本部からのデータがどれだけ営業推進面で効果があったのか、定量的には把握できていない。

ここにＡＩが導入されるとどのような変化が生じるだろうか。まず、勘定系の還元データやＥＢＭのデータに加えて、前述したような、シミュレーションデータを用いて個々の顧客のニーズを推測した結果が各チャネルに還元されるようになるだろう。例えば、渉外担当者においては、顧客リストに加えて顧客のニーズ推測結果が記されたリストが配布され、そのデータを活用しながら渉外営業を行うようになると考えられる。

また、マス層に対しては、従前よりも細かいセールスができるようになるだろう。今までは、マス層ということで一括りにされがちであったが、個々の顧客に対してＡＩが分析を行うことにより、最適な商品・サービスを提供できるようになる。分析結果を活用することによって、例えば別件で来店された顧客に対してセールスを行ったり、コールセンターからの架電を行うことが考えられる（図表４－15）。

さらに、ＡＴＭやインターネットバンクのような非対面チャネルにおいて、顧客ニーズにあった個別の広告を掲載することも可能になる。ここ20年近く、提唱されながらなかなか実践することができなかった、マス層向けのone to oneマーケティングが、ＡＩを用いることによって実現することになるだろう。

そこで用いられる顧客ニーズのモデルは、適切に修正されていくことが必要だが、ＡＩ

図表4-15　プッシュ型営業の将来像

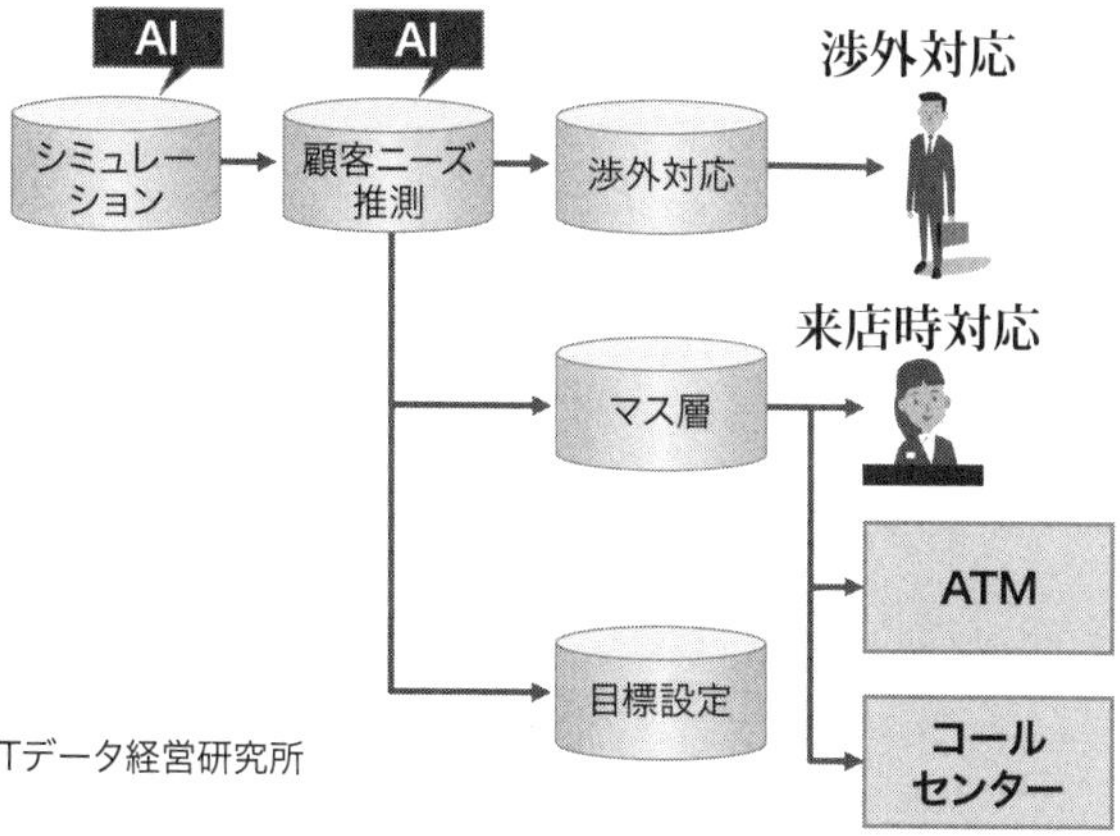

出典：NTTデータ経営研究所

図表4-16　顧客ニーズ推測モデルの修正プロセス

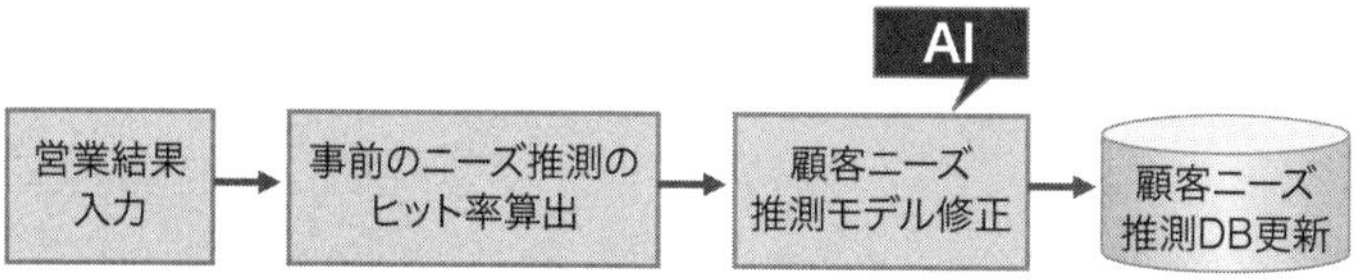

出典：NTTデータ経営研究所

はそれも可能にする。

図表４－16は顧客ニーズ推測モデルの修正プロセスである。渉外や窓口担当者がセールスしたり、非対面チャネルで顧客が購入した履歴を収集して、事前に算出していたニーズ推測がどの程度ヒットしたかを算出。その結果に基づいて、ＡＩが顧客ニーズ推測モデルを修正していく。これにより、より高度な営業活動用のデータを蓄積することができるよう

になるわけだ。

各チャネルで業績を案分する仕組みが必要に

まとめると、これまで営業店に配置された個々の行職員の頑張りによってなされて営業活動が、金融機関一体での取り組みへと構造的な変貌を遂げていくことになるだろう。

営業活動には、単純接触効果の活用が重要である。単純接触効果とは、営業活動では顧客との接触の質を高めるより、顧客との接触回数を増やすほうが効果が大きいという考え方である。新規顧客を獲得するには、対面・非対面を含め、7回から15回の接触が必要と言われている。そのためには、顧客が様々なチャネルやメディアに触れるようにすることが成約率を向上させるためには必要となる。

収集したデータについてＡＩを用いた分析を行い、精度の高い顧客のニーズ予測を行った後、その分析結果を利用して、各チャネルが顧客に接していくことが重要である。

通常、業績は顧客が口座を保有する店舗に計上され、しかも、実際に成約をさせた行職員に成績が計上される。ＡＩが導入されてくると、個々の行職員が単独で営業を行う方式から、各チャネル間で顧客を送客していくことになるだろう（図表４−17）。このような送客モデルにおいては、顧客が成約した場合には、口座保有店の業績に計上するだけでな

図表4-17　AI時代の送客モデル

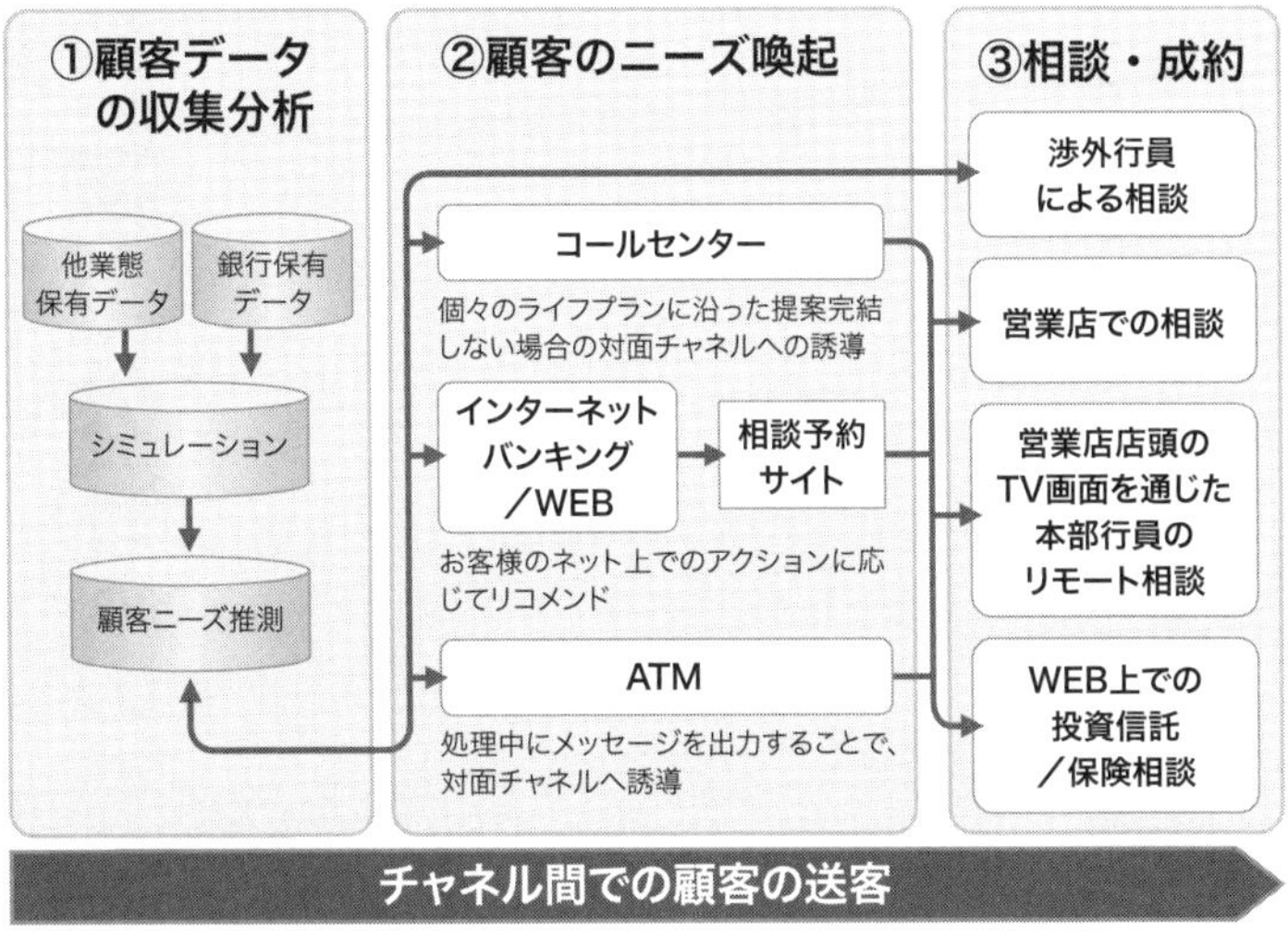

出典：NTTデータ経営研究所

く、各チャネルの貢献度合いに応じて業績を案分する仕組みを構築することが必要になる。

また、各チャネルでのデータを取得して、金融機関全体の生産性を把握し、今後のリソース配置、投資判断に活かす仕組みを構築することも合わせて必要になってくる。

このような中で、本部の行職員は営業店に対して目標数字を設定するだけではなく、自らもその目標を達成するために何ができるのか、連帯責任というより、むしろ主体的に責任を負っていくことが必要になってくると考えられる。

資産運用分野への導入とビジネスモデル

ロボットアドバイザーが可能にするもの

２０１６年あたりから、資産運用の分野でロボットアドバイザーの導入が進んできている。ロボットアドバイザーとは、ＡＩが、顧客に最適な投資商品は何かを診断したり、一任で顧客の資産運用を行ったり、運用のアドバイスを行ったりする投資運用ツールである。毎月積み立てをしながら、ロボットアドバイザーを利用した資産形成を行うことも可能になっている。ロボットアドバイザーは、パソコンやスマートフォンからインターネットを介して利用できる。

ロボットアドバイザーには、アルゴリズムに基づいて顧客に適した資産配分（ポートフォリオ）を自動で提案してくれる「アドバイス型サービス」と、提案したポートフォリオに沿って自動で資産運用をしてくれる「投資一任運用型サービス」がある。

ロボットアドバイザーは、人件費等の固定費の負担が少ないため、対面型の資産運用アドバイザーよりも安い料金で同様のサービスが受けられるのが特徴である。よって、高額な金額からしかサービスを受けられないファンドラップと同様のサービスを、低額から受けられる。

手数料の低減にもつながる

ＡＩは今後、将来の為替や株価、金や原油の価格についても予測するようになるだろうと考えられている。海外ではすでに、ＡＩがトレーダーやファンドマネージャーを代替する動きが見られる。

ＡＩは、トレーダーやファンドマネージャーのように、人間の持つ固定観念や偏見などがなく、冷徹にデータを分析して予測する。そのため、人間が行うよりも運用実績が高い傾向がある。コストが安く、パフォーマンスが高ければ、一気にＡＩが人の仕事を奪うことになるだろう。

トレーダーやファンドマネージャーは、金融業界の中でも報酬が高額であることが多いが、そうした高給取りにＡＩがとって変わることになれば、特に投資信託においては、手数料の低減にもつながりそうだ。

商品組成ハイブリッド型のビジネスモデルへ

では、このようにＡＩが資産運用の分野に投入されることにより、金融機関のビジネスモデルはどのような影響を受けるだろうか。

１９９０年代の金融ビッグバン以前において、銀行を中心とした預金取扱金融機関は、顧客から預金を集めて貸出に回す、内部で資金循環が完結するビジネスモデルを取っていた。金融ビッグバンにおいて、預金取扱金融機関は他の金融業態が組成した商品を販売できるようになり、１９９８年から預金取扱金融機関における投資信託の直接販売（窓販）が、２００１年から生命保険の窓販が開始された。預金取扱金融機関は、金融商品を他社から仕入れて、預貯金口座を持っている豊富な顧客基盤を利用して販売してきた。この形態を金融の「アン・バンドリング（分解）化」と言う。現在のビジネスモデルはアン・バンドリング化がなされた状態である。

ＡＩがマーケットの将来予測を行ったり、顧客ニーズの把握を容易にすることになると、それは各種金融商品の組成段階にも用いられるようになり、今まで人材や資金面の問題で独自の商品組成ができなかった預金取扱金融機関においても、商品組成ができるようになるだろう。つまり、図表４－18に示しているように、単純なアン・バンドリング化から、自社商品と他社商品が入り乱れる商品組成ハイブリッド型にビジネスモデルが転換していくことが予想される。

一方で、現状、ＡＩのアルゴリズムは理解できたとしても、その結果が導びかれた理由まではわからない。つまり、ＡＩが予測したことは当たる可能性が高いものの、なぜその

図表4-18　ビジネスモデルの変遷

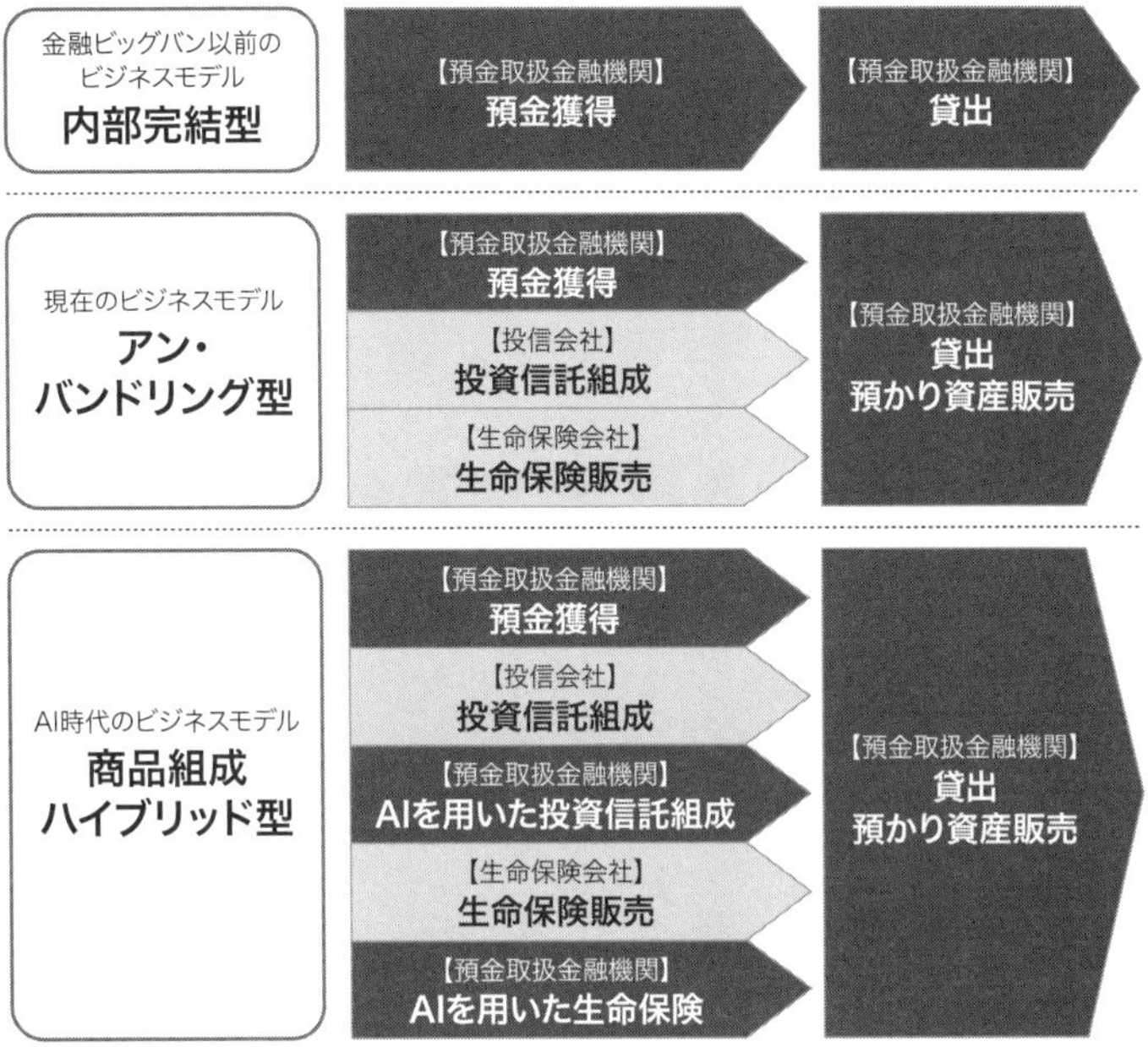

出典：NTTデータ経営研究所

ように考えたのか？　ということは今のＡＩではわからない。つまり、何か問題が生じたときでも、なぜそうなったかを説明することはできないということだ。

よって、スモール・スタートで導入を行い、特に大きな損失につながりかねないものについては、結果を導くアルゴリズムの開発を待ってから導入がなされるだろう。

レグテックにおけるAIの活用

レギュレーション対応の負荷が高まる中で

近年、「レグテック（RegTech）」という言葉が注目を集めている。レグテックとは、「Regulatory（規制）」と「Technology（技術）」を組み合わせた造語で、金融規制当局からみれば「技術を用いた金融機関の実態把握とコントロール」、金融機関側からみれば「技術を用いた当局規制への対応」といった意味となろう。

リーマンショック後、各国の金融当局では法規制対応の充実を金融機関に要請する動きが加速し、その結果、金融機関では法規制に対応するための負荷が高まりつつある。とりわけ、ＫＹＣ（Know Your Customer）と呼ばれる口座開設時の金融機関側のプロセスでは、様々なプレッシャーが加わり、チェック項目も増加する一方だ。そこで生み出された概念がレグテックというわけである。

レグテックといっても、当局目線、金融機関目線それぞれで目的と利用シーンが異なる。金融機関におけるレグテックでは、ＩＴ活用による「法規制対応力の強化」「コンプライアンスコストの低減」が指向されている。他方、金融庁でもレグテックにかかる調査・研究を加速しており、金融機関から収受するデータの精査や活用のあり方を中心に情報収集とその検討に余念がない。

金融庁では金融機関から計数やデータを授受するだけでなく、ＡＰＩなどを入り口に金融機関システムと接続することで、平時における業者規制やコンプライアンス・チェックの高度化を期待している。

導入が検討される技術はＡＩにとどまらない

新しいキーワードにみえるレグテックだが、近似する取り組みは従前よりわが国でも実用化されている。例えば、金融機関における反社情報照会業務については、証券業協会のシステムと警察庁の暴力団情報照会システムとの接続により、「当該個人が反社会的勢力に属するか否か」の判断材料が参考情報として提供されている。店頭で証券取引口座の開設要請を受けた際、顧客情報を店頭端末に入力すると、警察庁のデータベースにより反社会的勢力に該当するかどうかの照会がなされ、証券会社は照会結果を受領し、口座開設可否を判断する。

なお、警察庁のシステムとの接続による同様の取り組みは、銀行業界においても実用化に向けた検討が進んでいる。現状、地域金融機関の多くは、独自に収集した暴力団などの情報に加え、地域の新聞などからいわゆる「不芳情報」などを集積し、独自のデータベースを構築している。ただし、域外から転入してきた顧客などについては、地域での情報収集活動だけでは属性等を把握しにくい。こうした現状を踏まえれば、警察庁のシステムとの接続自体も十分にレグテックとして位置付けられるものだろう。

また、勘定系共同システムにおけるレギュレーション対応の一部もレグテックと言えそうだ。ＩＴベンダーを中心に、複数金融機関による新たな法規制への対応方針・様式類の共通化をＩＴ活用により効率化しようとする動きがこれにあたる。したがって、レグテックという言葉が定義されていなかっただけで、実は古くから金融機関においては実践されてきた概念とも言えよう。

レグテックでは、必ずしもＡＩにとどまらず、様々な技術の導入が検討されている。例えば、暗号化技術、ブロックチェーンによる分散型台帳の構築、ＡＰＩ、クラウドサービスなどがこれにあたる。昨今話題の仮想通貨などの技術的バックボーンとして注目されているブロックチェーン技術についても、様々な研究機関や団体により技術検証が加えられている最中にある。

ただし、ブロックチェーン技術は、リアルタイム処理と大量のトランザクションが求められるシーンでは必ずしも技術的優位性を確保しにくい、とも言われる。証券取引にたとえると、１秒に満たないいわゆる「ミリセカンド」の領域での迅速な取引が要求される上場株式の処理には向かない場面も想定される一方、未公開株式の取引などで、株主情報の更新のような比較的時間的猶予が与えられている取引の処理については、技術的優位性が際立つとの評価もある。

内部者犯行のリスクを極小化するソリューションにも

我々は金融機関での口座開設時には証跡に基づく本人確認を求められる。また、金融機関は顧客から提供されたこれらの本人確認情報を保管する義務を負っている。保管された顧客情報や口座情報は、マネーロンダリングのチェックなどに利用されることとなるのだが、金融当局がこれらの情報に接しようとする場合、各種法令に基づき金融機関に書面などで申し入れをし、主として紙媒体などにより報告を受領するといった、なかば手作業でのやりとりが伴う。また、これらの作業で、当然ながら金融機関側の対応負荷も増加傾向を辿っており、これは現在、金融業界全体での課題にもなりつつある。

金融機関におけるこれらの本人確認コスト削減を目的に、英国のフィンテック企業であるOnfido社は、金融機関向けにＡＩを活用したソリューションを提供している。具体的には、口座開設やローン審査で金融機関に顧客から提出された書類の検証や、申請者の犯歴照会を自動で実施している。このチェックサービスを活用すれば、従業員採用時の身元確認も容易となる。

昨今、内部犯行による外部への情報漏えい事案も多く報告されているが、採用段階であらかじめリスクを矮小化する、といった観点では、内部者犯行のリスクを極小化するうえでも有効なソリューションとなりえる。

金融関連諸法への対応のみならず、事業法人に共通する一般の法的対応も金融機関における課題となっている。

米国のLegalZoom社は、高額になりがちな法律専門家のサービスを、企業向けに安価に提供している。弁護士との顧問契約などを要せずに法的アドバイスが得られるだけでなく、オンライン上で法的書類作成を支援するサービスも用意されている。

同社のサービスは必ずしも金融機関向けのものではないが、新たに金融ビジネスに参入しようとする他業態やフィンテック企業にとっては、難解かつ広範に亘りがちな金融関連の法的規制への対応を進めるうえで利便性の高いものに映る。

Artificial Intelligence on Financial Institutions

人事領域におけるＡＩの活用

ピープル・アナリティクスで人材開発

ＡＩなどの最新のテクノロジーを活用し、社員の行動データを収集・分析して、高度な人材を輩出する職場のあり方や、生産的で満足度の高い働き方などを導き出す技術を「ピープル・アナリティクス」と呼ぶ。ピープル・アナリティクスを用いて、営業マンの暗黙知に頼っていた営業スキルを可視化することにより、全体の営業レベルの底上げをすることを狙う取り組みが始まっている。

例えば、営業マンのパソコン操作時間やメール送受信回数、出社退社時間、顧客への訪問回数など、行動を表す様々な個々人の履歴データ。若手とベテラン行職員の比率や、社内資格の取得数などの組織の属性データ。個々人の身体運動の特徴パターンなどの行動データ。これらをＡＩを用いて分析する試みが始まってきている。

具体的な方法としては、取得したこれらの大量のデータを分析して、複雑なビジネス関連データの中から、営業組織のＫＰＩと相関性の強い要素を見つけ出す。相関性の強い要素が見出されれば、その要素を伸ばすための施策を実行し、改善施策の仮説が有効であるか見極める、といったことを行う。

雑駁に言うと、できる営業マンの属性や行動様式を定量化して、何が営業成績に寄与するのかを明らかにし、他の社員にも同じような行動様式が取れるようにトレーニングするための材料を見つけるということである。

また、あらかじめその組織の優秀な社員（ハイパフォーマンス人材）の集団を統計手法を用いて分析し、優秀者の思考や行動の傾向をＡＩが導き出し、傾向の塊のようなものをつくることによって、将来有望な新卒や若手社員を探し出すこともできるようになると考えられる。

つまり、ピープル・アナリティクスは、人材開発や〝適材適所〟の配属を最適化するタレントマネジメントにも役立つ可能性があるということだ。当然、ピープル・アナリティクスは、営業の領域だけではなく事務の領域においても活用されるものと考えられる。

新卒採用の現場にもＡＩ導入の動き

また、金融機関に限らず、新卒採用の現場においてもＡＩを導入する動きが出てきている。例えば、以下のような利用のされ方をしている。

①学生が企業に対して自分のプロフィールを送る

②ＡＩの活用により、自社からのオファーを受けてもらいやすそうな順番に学生のプロフィールを並べるなど、最新技術を用いて企業と学生のマッチングを実施する
③企業は、マッチングされた意欲のある学生に対してアプローチを強化

採用活動の現場では、エントリーシートのＷＥＢ化以降、大量の申込があり、人事部の業務負荷となっている。現状導入されているこうしたサービスは、記念受験のような者を後送りにし、入社意欲のあるものから優先的にアプローチすることにより、人事部の業務負荷軽減を図っている。

今後は、新卒採用の場面でもピープル・アナリティクスが導入され、将来よりハイパフォーマンス人財になりうる学生を採用することができるようになるだろう。

ＡＩが人事評価のブレを排除

営業、事務の領域だけでなく、人事領域にもＡＩが展開されると、金融機関の人事はどのような変貌を遂げるだろうか。

金融機関の業務は単純作業を中心に、ＡＩやＲＰＡに代表されるロボティクスに代替されていく。これは必ずしも事務だけではなく、営業に付随する作業も代替されていくものと考えられる。これにより、業務はより高度かつクリエイティブなものに移行するが、ここにピープル・アナリティクスを用いることで、各行職員の持つ営業スキル、事務スキル

図表4-19　今後の人事

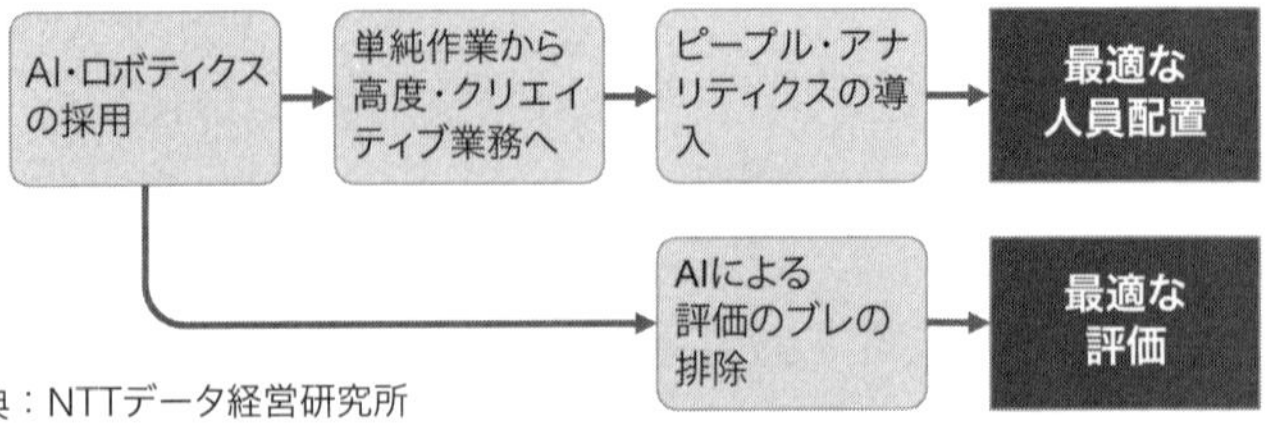

出典：NTTデータ経営研究所

をＡＩに読み込ませて、より最適な人材配置ができるようになると考えられる。

また評価に関しても、ＡＩが導入されてくるものと考えられる。特に営業については、マーケットの良し悪しという運不運によって評価が左右されたり、上司の好き嫌いによって出世に影響があったりしてきたが、ＡＩが各職場の状況を判断して評価のブレを排除し、適切な人事評価を、金融機関全体を俯瞰して行うようになると考えられる。

さらに、行職員に対する研修についても、ＡＩが活用されるものと考えられる。金融機関では、行職員個人の業務知識修得のために、資格取得を奨励したり、集合研修を行ったりしてきた。今後は、より精緻に個々人の業務知識レベルを把握し、各行職員の状況に応じた個別の研修プログラムが組まれるようになり、そのレベルアップに資するようになるだろう。

歴史を振り返ると、19世紀初頭のイギリスにおけるラッダイト運動から始まり、技術革新には常に人員整理の恐怖が付きまとう。現在も巷では、ＡＩが人の仕事を奪うということが言われている。ＡＩは確かに現在人間が行っている業務を代替するようになるだろうが、一方で、人材の配置転換や育成にもＡＩは利用されるようになり、それにより働く人そのものの役に立つようにもなるだろう。

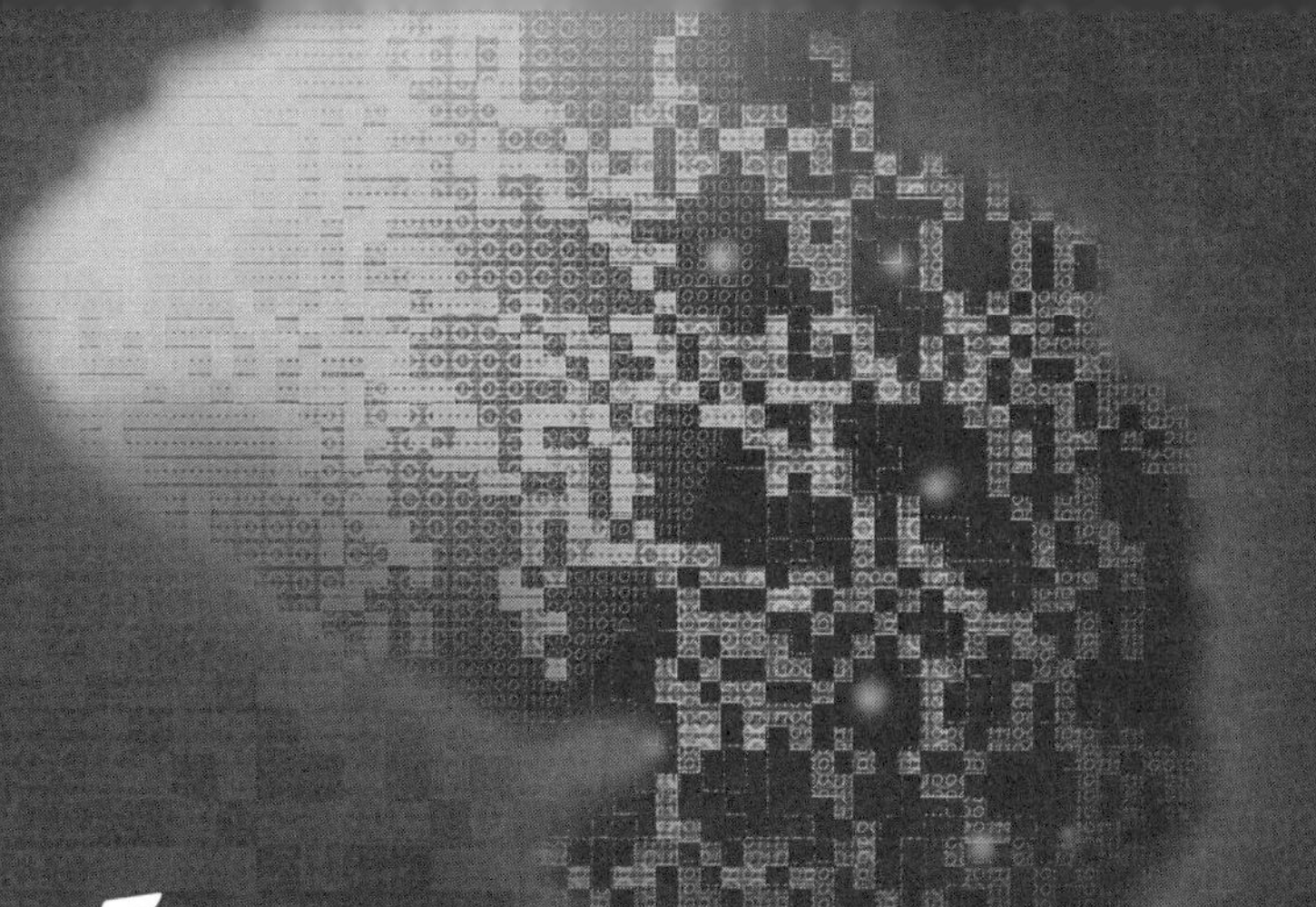

第5章

ＡＩ導入にあたっての論点

Artificial Intelligence on Financial Institutions

AI導入にあたって考えられる問題点

図表5-1　AI導入の際の問題点

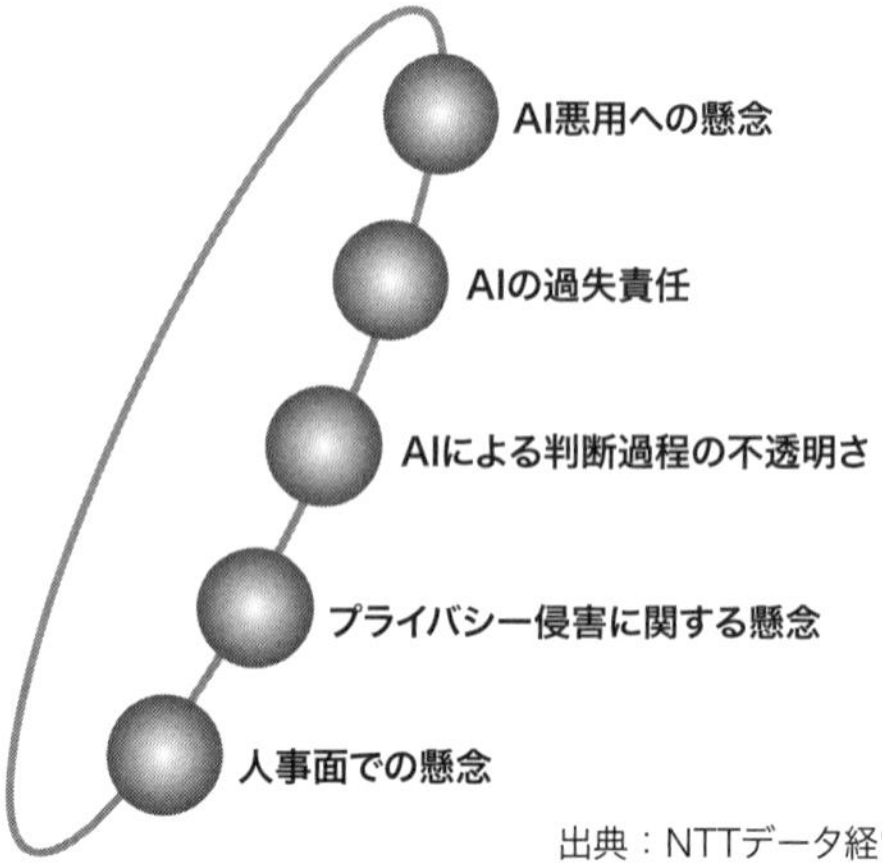

出典：NTTデータ経営研究所

悪意を持ってAIを利用したら…

ここまで見てきたとおり、ＡＩは正しく適切に導入すれば効果的な活用が可能で、金融機関の営業や業務を大きく進歩させる力を持っている。しかし、その導入に際しては、いくつか考慮すべき事項もある。金融機関への導入に限ったことではないが、図表５－１は、ＡＩの導入にあたって考えられる代表的な問題点を挙げたものである。

第一の問題点は、ＡＩを人間が悪用することへの懸念である。当然ながらＡＩは人間とは違って善悪の判断がつかず、モラルもない。

例えば、機械学習のように、大量のデータを投入して解析を行う場合、人間が悪意を持ってデータを投入したらどのようなことが起こるだろうか。２０１６年、Microsoftはインターネット上で一般人らと会話をしながら発達する人工知能のTay（テイ）を開発・リリースしたが、ネット上で一般人がTayに対して差別的な会話を繰り返したため、Tayも差別的な発言を繰り返すようになり、結果的にリリース翌日に実験が中止に追い込まれた。

このように、善意の者だけがＡＩを利用すれば問題ないものの、悪意を持ってＡＩを利用した場合、結果として不利益な結果が生じることが想定される。よって、悪意を持って利用された場合、どのような問題が発生しそうか、導入の前にあらかじめ検討しておくことが必要になる。

問題が生じた際に誰が責任を負うのか

次に、ＡＩを用いた自動化においては、どのような問題が生じる可能性があるのか。ＲＰＡのように、ロボットとＡＩが組み合わされた自動化ソリューションが導入されると、人を介さずに作業が終了する。この過程で、何らかの問題が生じた場合、誰がどのように責任を負えばよいのだろうか。当然のことながら、ＡＩ自身は法的主体ではないので、責任を負うことはできない。ＡＩが進化すればするほど、このような問題に直面する可能性は高まるだろう。

このような問題は一金融機関で対処できる問題ではないが、社会全体での流れを見ながら、ＡＩを用いて問題が生じた際に、何に対して誰がどのように責任を負えばよいのか、事前に考えておく必要がある。

今後の技術展開によって解決する可能性は高いが、現在のＡＩに関する技術では、ＡＩがなぜそのような判断を下したのか人間が判断することはできない。例えば、機械学習の結果、ＡＩは蓋然性の高い結果を導出するが、なぜそれが蓋然性が高いと判断したのか、そのロジックについてはわからない。この点を踏まえれば、ＡＩが出した結果について責任を問われない業務にＡＩを導入する分には問題は生じないが、例えば顧客や自社に損害を与えるような結果を生じさせる業務にＡＩを導入する際には、十分に留意する必要がある。仮に顧客に損害が生じた場合、「ＡＩが判断したことであり、当社に責任はございません」とは言えないだろう。また、自社に対して損害が生じて株主から株主代表訴訟で訴えられた場合、「それはＡＩがやったことであり、役員に責任はありません」とも言えないだろう。

よって、導入する業務の性質によって、どこまでＡＩに分担させるべきか、人間はどこでチェックをすべきなのか、効率性のみの視点だけではない、導入の検討を行う必要がある。

AIが下したネガティブな判断が検証なしに流通したら…

画像の大量処理もAIが得意とする分野である。個人情報保護というと、名前や口座番号などのデータをいかに保護するかという点に重きが置かれてきたが、今後はAIが分析対象とするような画像に関してもプライバシー保護の観点で接する必要が出てくるだろう。また、機械学習によって、現状よりも顧客のことをより深く知るようになる。このような際にも、個人情報をどこまで保護して、どこから企業として利用することができるのか、社会全体の流れや法規制動向を見極めた上での対応が必要になってくると思われる。

人事面での問題も指摘できるだろう。一般的に言われているように、現在は人が行っている作業をAIが代替することになり、失業や配置転換への懸念がある。しかし、人事面での懸念はこのような問題だけに留まらない。AIは採用や、融資の際のスコアリングなど、人を判断することに利用されるようになる。このような場面で、AIが人に対して下したネガティブな判断が、検証されずに流通されるようになったらどのようなことが起こるだろうか。

AIがネガティブな判断を下し、かつロボティクス*技術を用いて自動でデータが生成され、このデータを様々な業務で利用していく。しかも、前述したように、どうしてこのようなネガティブな結果が生じたのか、論理的に説明できない可能性もある。

＊ロボティクス
ロボット技術のこと。ロボットとは高度な機械の一種であり、センサーなどで状況を把握して、コンピュータを使って動くもの。現在のロボットは、センサーとインターネットを組み合わせてビッグデータを収集・分析して動作しており、現在のロボティクスはこれらのテクノロジーの開発・普及に主眼を置いている。

このような状況に陥った際には、場合によっては人が金融サービスにアクセスする権利が制約されることになるなど、現状では起こり得ない新たな問題が生じるだろう。また、このような状況が今後発生するのであれば、救済措置や救済機関の手当てが必要になることが想定される。

Artificial Intelligence on Financial Institutions

ＡＩの本格導入までに踏むべきステップ

まずはトライアルでの導入を

以上のような問題点を考えても、ＡＩの導入は一気に全面的に行うのではなく、試行導入を行ったうえで、段階的に導入を進めていくことが望ましい。図表５－２は、大まかなＡＩ導入のステップを表したものである。

はじめに簡易的な効果診断を行いながら、どの業務にＡＩを導入するか対象業務を抽出した上で、導入の可否判断をすることが望ましい。導入の可否判断を行う際には、メリットばかりに目を向けず、前述したような問題点にも留意した上で検討を

図表5-2　AIの導入ステップ

1　簡易効果診断
- ◉トライアルでの導入対象業務洗い出し
- ◉ＡＩ導入可否の簡易診断（机上）
- ◉削減工数／概算導入費用の算定

2　トライアル導入　2～3業務
- ◉ＡＩソフトウェア・インストール
- ◉関連システム構築
- ◉試用
- ◉効果検証

3　本格導入
- ◉導入・管理体制構築
- ◉対象業務選定
- ◉導入
- ◉効果検証

出典：NTTデータ経営研究所

進めることが必要である。また、導入費用に対して、どのような効果が現出するかを見積もることも重要である。

導入業務が決まったら、トライアルでの導入を行うことをおすすめする。トライアルでの導入とは、例えば全国で5か所のコールセンターがある場合、1か所だけ導入して、どのような効果が生じるか検証するような導入方法である。トライアルで利用する際は、AIに関するソフトウェアを導入するだけでなく、実際の業務で利用するシステムに組み込んで利用することが必要になるだろう。このようなシステム対応にある程度の時間と労力を要することも事前に考慮しておく必要がある。

まず行うべきは管理体制の構築

トライアルでの導入を行い、効果検証を行い、メリットがあると判断した場合、いよいよ本格導入になる。本格導入のステップについては、図表5-3で詳細を示している。

AIを本格導入する際にまず行うべきことは、管理体制の構築である。特に、現場主導でAIを導入する場合、現場担当者が異動すると、細かいことがわからなくなる恐れがある。このような事態を避けるためにも、全社的にどうAIを管理していくのか、どのような管理系文書が必要なのかも含めて検討を行う必要がある。

大枠の管理体制が決まったら、どの業務に対してAIを導入していくのか選定していく。

図表5-3　AI本格導入の際のステップ

1　導入管理体制構築
- ◉全社的にどのような体制でAI導入・管理を推進するか、体制構築を行う
- ◉各種管理系文書類の定義を行う

2　AI導入業務の選定
- ◉どの業務にどのタイプのAIソフトウェアを導入するか決定する

3　導入プロセスの可視化とBPRプロセス策定
- ◉導入対象業務の既存プロセスを明らかにすると共に、導入後のプロセスを策定する
- ◉策定する際は、既存プロセスを置き換えるだけではなく、BPRを行う

4　メリット・デメリットの検討
- ◉BPRプロセスを策定後、どのようなメリットが生じるのか、机上で算出する
  - ・所要時間の短縮効果　・人員削減効果
- ◉既存業務への影響がある場合は対応策を検討する

5　文書化
- ◉AI導入状況を文書化する
- ◉必要に応じて、事務規定、業務マニュアルの改訂を行う

6　稼動開始
- ◉AIを用いた業務を開始する

7　変更対応
- ◉各種業務変更に応じて、AIでの対応変更を行う
- ◉想定した効果が出ない場合は見直しを行う

出典：NTTデータ経営研究所

同時に、様々な種類のＡＩとＡＩに付随する業務系システムが存在するため、自社にとって、また当該業務にとって、どの情報システムが最もふさわしいのか検討していくことになる。

　どのような業務にＡＩを導入していくのかを決めた後は、具体的な業務プロセスの設計を行うことになる。はじめに行うことは、現状の業務がどうなっているのか明らかにすること、次に行うことはＡＩ導入後にどのような業務プロセスにするのか策定することである。

　ＡＩ導入の際に重要なことは、この過程において、ただ単に

業務をＡＩに代替させるだけでなく、ＢＰＲ*を行うべきであるということであろう。既存のビジネス・プロセスを単にＡＩで置き換えるだけではなく、例えば複数部署にまたがっている業務を集約する、支店ごとに散在している業務をセンターに集約するなど、ＡＩ以外の部分に手を入れることによって、よりＡＩ導入の効果がもたらされる。逆に言えば、ＢＰＲを行わずにＡＩを導入した場合は、思ったほど効果が出なかったり、場合によっては全く効果が出なかったりすることが起こりうるのだ。

効果の見積もりと同時にデメリットの把握も

プロセスが策定できたら、ＡＩ導入によってどのような定量的な効果が得られるのか、見積もることが必要になる。ここで見積もっておいた効果が、実際の稼動開始後に表れるかどうかをチェックすることが、のちの検証の際に必要になる。一方で、効果を見積もると同時に、デメリットの把握も必要である。ＡＩ導入によって、何らかのデメリットが生じることがあらかじめ想定される場合には、事前に策を講じておくことが必要であろう。

稼動開始前には、各種文書類の整備も必要である。必要に応じて業務規程や業務マニュアルの変更が必要になるのは言うまでもない。

このような準備を経て、ＡＩの本格導入がなされる。導入後、業務が変更された場合はＡＩでの変更対応が必要になる。また、当初想定していた効果が表れない場合は、業務プ

＊BPR
ビジネスプロセス・リエンジニアリング。ビジネス・プロセスを見直し、抜本的に設計しなおすこと

ロセスやＡＩの適用範囲を見直すなどの対応も必要になる。

当然のことながら、ＡＩそのものは今後も猛烈な進化を遂げていくだろう。よって、この進化を自社のビジネスに取り入れるには、ＡＩを導入した状況に安住するのではなく、その不断の見直しが必要になることは言うまでもない。

加藤洋輝（かとう　ひろき）

㈱NTTデータ経営研究所 金融政策コンサルティングユニット シニアマネージャー

東京理科大学大学院工学研究化経営工学専攻修了後、NTTデータに入社。金融分野における企画業務に従事。2015年よりNTTデータ経営研究所。事業戦略の立案や新規ビジネス創出等のコンサルティングのほか、地方創生や地域活性化の活動に従事。静岡大学非常勤講師。著書に『決定版　FinTech　金融革命の全貌』（2016）。

菊重　琢（きくしげ　たく）

㈱NTTデータ経営研究所 金融政策コンサルティングユニット シニアマネージャー。

東京大学大学院修士課程終了後、NTT データ経営研究所入社。NTTDATA（中国）有限公司への出向などを経て、金融機関のマーケティング戦略策定支援、新規サービス立案支援、webアンケートを用いた消費者行動調査、無担保ローン市場の調査研究など、幅広いプロジェクトに従事。

著者略歴

大野博堂（おおの ひろたか）

㈱NTTデータ経営研究所 パートナー　金融政策コンサルティングユニット長

早稲田大学教育学部を卒業後、NTTデータに入社。大蔵省大臣官房総合政策課において金融マーケットを中心としたマクロ経済分析を担当した後、ジャスダック上場企業の取締役経営企画室長を経て2006年よりNTTデータ経営研究所。金融マーケットを中心としたマクロ経済分析に加えて、金融分野の政策・レギュレーション対応、地域活性化などを中心にコンサルティング活動に従事。著書に『金融機関のためのマイナンバーへの義務的対応＆利活用ガイド』（2015）と『金融機関のためのサイバーセキュリティとBCPの実務』（2016）がある。

西原正浩（にしはら　まさひろ）

㈱NTTデータ経営研究所 金融政策コンサルティングユニット シニアマネージャー

早稲田大学法学部卒業。さくら銀行（現三井住友銀行）、プライスウォーターハウス・クーパース・コンサルタントを経て、2006年から現職。主に、金融機関向けの業務改善や、事業計画の立案、新規ビジネス立ち上げ支援等の業務に携わると共に、資金・証券決済領域におけるコンサルティング活動に従事。

AIが変える2025年の銀行業務

2018年７月12日　初版発行

著　者――大野博堂　西原正浩　加藤洋輝　菊重 琢
発行者――楠 真一郎
発行所――株式会社近代セールス社
〒164-8640　東京都中野区中央1-13-9
電話：03-3366-5701　FAX：03-3366-2706
装丁・ＤＴＰ―井上　亮
編　集――――飛田浩康
印刷・製本――三松堂株式会社

ISBN978-4-7650-2114-2